AF230275

DOCUMENS NÉCESSAIRES

POUR L'INTELLIGENCE

DE

L'HISTOIRE DE FRANCE

EN 1820.

DE L'IMPRIMERIE DE FAIN, PLACE DE L'ODÉON.

DOCUMENS NÉCESSAIRES

POUR L'INTELLIGENCE

DE

L'HISTOIRE DE FRANCE

EN 1820.

PAR M. KÉRATRY, DÉPUTÉ DU FINISTÈRE.

> Accorder à un peuple le gouvernement représentatif,
> et y joindre la censure des journaux, c'est, de la même
> main, donner et ôter. PAGE 33.

A PARIS,

CHEZ MARADAN, LIBRAIRE, RUE DES MARAIS,
FAUBOURG SAINT—GERMAIN, N°. 16;

ET BÉCHET, LIBRAIRE, QUAI DES AUGUSTINS, N°. 57.

Août 1820.

Je me propose de parler, dans cet écrit, de la censure et de la manière dont elle est exercée; de M. le duc Decazes, ambassadeur et de M. Clausel de Coussergues, député; de MM. Royer-Collard et Camille Jordan; de la conspiration dite de Vincennes, dont il est mention dans le *Moniteur* du 20 août; du général La Marque, et de M. le préfet des Landes; des réceptions faites à MM. les députés dans les départemens; de la note officielle de M. le prince de Metternich, ministre d'Autriche, à M. le baron de Berstett, ministre de Baden; du culte en France, et de l'état de l'opinion publique. Je dirai mon avis sur ces choses avec loyauté et impartialité, parce que je crois qu'il est urgent de dire ce que l'on croit être la vérité. Je joindrai des notes au soutien.

DOCUMENS NÉCESSAIRES

POUR L'INTELLIGENCE

DE

L'HISTOIRE DE FRANCE

EN 1820.

LE gouvernement représentatif a ses conditions obligées, hors desquelles il n'existe plus. La liberté de la presse est évidemment la première et la plus essentielle, non pas tant par l'importance des débats qu'elle favorise et qu'elle éclaire, que parce qu'elle apprend au peuple qu'on ne lui cache rien. Cette publicité est de rigueur après une révolution qui a fait de grands déplacemens de pouvoir, de propriétés, d'instruction, d'emplois et même d'espérances acquises. Une nation qui, de l'empire du privilége, est passée à l'exercice du droit commun, est naturellement ombrageuse. Lasse de troubles politiques, elle tremble devant tout ce qui pourrait les faire renaître ; or, rien n'est plus propre à produire cet effet que ce qui compromettrait ou inquiéterait l'ordre établi. Vainement contestera-t-on la justice de ce dernier ; dans certains cas la légalité seule est une justice ; c'était le sa-

crement de toutes les inégalités de l'ancien régime. Il vaut certainement mieux que l'intérêt
général donne sa sanction aux droits; car il est
extrêmement rare qu'où celui-ci se trouve, il y
ait violation morale de l'équité. Alors bien ap-
préciée, la plainte s'élève plus sur la forme que
sur le fond : ainsi furent supprimés les priviléges onéreux pendant l'assemblée constituante;
usurpation contre le plus grand nombre, ils
étaient devenus la propriété du plus petit. Celui-ci pouvait, devait réclamer; la plainte était naturelle; mais il y avait quelque chose de plus naturel encore, c'est que l'usurpation eût un terme
et finît entre les mains de quelqu'un; autrement
il faudrait proclamer l'éternité de l'abus une fois
établi; il faudrait lui trouver aussi son droit divin, et lui reconnaître sa légitimité; ce qui,
on en conviendra , étendrait un peu trop et le
droit divin et la légitimité.

Nous avons avancé un axiome qui donnera
lieu à contestation, parce qu'on ne l'entendra
pas; il faut s'expliquer : c'est celui de la *justice
dans l'intéiêt général*. On nous dira que c'est
avec de tels principes que Pyrrhus demande la
tête d'Astianax, et que les Gracques méditent
la loi agraire. L'application proviendrait ici
d'erreur ou de mauvaise foi. D'abord il convient
d'examiner si l'intérêt d'une nation peut, dans

aucun cas, exiger la mort d'un être innocent, sous prétexte de troubles qui, le lendemain, proviendraient d'une autre cause. En effet, ceux qui s'armeraient dans l'état, pour faire reconnaître les droits d'un enfant, s'armeraient encore bien plus pour venger cet homicide; et, de ce crime même, ils recevraient un surcroît de force pour l'attaque. Quant à la loi agraire, admise comme nivellement de droits et de propriétés, nous répondons que l'intérêt général la repousse, l'inégalité des fortunes étant dans l'essence même des sociétés civilisées; que tout ce qui ne peut durer est contre nature; que dès lors la loi dont il s'agit porte un cachet de réprobation, et qu'enfin elle tuerait le corps social en y arrêtant le mouvement de l'activité et de l'industrie.

Nous le dirons hardiment et avec toute la conscience du droit et de la raison : dans une société bien organisée , tout acte nuisible au plus grand nombre est un acte inique, tout ce qui est profitable à la masse est juste, à moins qu'une plus grande masse encore ne se trouve blessée en principe par l'exécution. Ainsi, sur le rapport d'Aristide, les Athéniens firent bien de ne pas suivre le conseil donné par Thémistocle, contre la flotte des Spartiates stationnée non loin d'Athènes sur la foi des traités, parce qu'il y a au monde quelque chose de plus important encore que d'affaiblir, que de détruire même ses ennemis du moment : c'est la conservation sur la terre de la fidélité dans les paroles données, fidélité sans laquelle les sociétés particulières et la grande société de l'espèce humaine sont absolument impossibles.

Je ne vois donc que l'intérêt de l'humanité en priorité de marche sur celui de la patrie, qui y est encore compris. Voilà pourquoi il sera toujours malheureux pour une classe quelconque de se créer des intérêts particuliers qui ne profitent qu'à elle seule. Par ce seul fait, elle se met en guerre contre tous : elle court la chance du combat d'un seul contre plusieurs. L'erreur et la séduction lui donnent quelque temps des appuis, mais les lumières arrivent tôt ou tard ; alors on la voit s'agiter dans le cercle de son égoïsme ; on la délaisse, et elle succombe.

Le gouvernement représentatif est l'enfant de ces lumières ; il naît spontanément chez les nations, quand il n'est plus au pouvoir de personne de les tromper. Son berceau sort de la tombe même des illusions ; il se nourrit de publicité ; il la veut, il l'aspire par tous ses pores ; si on la lui refuse, il étouffe, il entre en convulsions ; ces convulsions sont terribles, car dès sa naissance il a toute sa force ; c'est peut-être même le moment de sa plus grande vigueur. Ainsi, Hercule enfant écrasait les serpens suscités contre lui par la jalousie d'une déesse.

Que l'on ne se trompe pas sur les moyens et les dispositions du peuple français dans le moment actuel! une telle méprise serait le plus grand malheur qui pût arriver à ceux qui le gouvernent. Ses dispositions le portent à vouloir et à maintenir la révolution telle qu'elle est consacrée et reconnue par la charte, ce magnifique, mais simple titre ajouté au titre primordial de la justice; ses moyens sont grands comme lui-même; ils le mettent en mesure d'être maître chez lui sous la direction d'une monarchie constitutionnelle; on le menace parfois d'une troisième invasion des troupes étrangères : ce n'est qu'une pure moquerie. Je ne mets pas en doute que, si on préparait une telle agression en Europe (ce qui est sans une ombre de probabilité), le roi ne favorisât à l'instant le plus grand développement possible des forces nationales; et pour cela il lui suffirait d'un mot. Au bruit du tocsin, cette voix forte et solennelle de la patrie, les hommes armés sortiraient de terre d'un bout de la France à l'autre. On saurait bien cette fois qu'il s'agirait d'être ou de n'être pas ; et si, dans de telles conjonctures, un ministère était assez coupable pour oublier son devoir, je le dis hardiment, et ce n'est pas un seul de nos princes qui me désavouera, les cloches sonneraient d'elles-mêmes !

Je sais qu'aujourd'hui, dans ce moment, il y a quelques dissidences dans le pays. On cherche à donner à ces dissidences minimes ou très - exiguës une apparence imposante ; on cherche à faire dans la nation des majorités de cinq voix, comme on en a fait il y a trois mois dans notre chambre des communes ; et pour réaliser ces fictions éphémères, impuissans appuis d'un gouvernement qui coupe ses propres racines, on a rendu la presse captive. Qu'arrive-t-il ? l'opinion froissée ne parle plus, mais elle crie, mais elle éclate, comme nous ne tarderons pas à le prouver.

Cette situation de choses est très-mauvaise et très-nuisible à la famille régnante ; certainement le cri des provinces est intercepté et n'arrive point jusqu'à elle ; on lui montre la nation dans quelques gentilshommes, et l'armée dans quelques états - majors. Comment l'erreur, et l'erreur la plus complète, ne serait-elle pas à l'ordre du jour ? Un événement aussi déplorable qu'atroce a eu lieu dans Paris ; le fer a frappé un fils de France ; une accusation absurde a été intentée contre un ministre ami de son roi, ami que l'on a pu regarder, pendant un certain temps, comme un anneau nécessaire entre les intérêts du peuple et les intérêts de l'ancienne monarchie, et qui n'a perdu l'avantage de cette position, dans laquelle il se présentait avec un caractère naturellement généreux, que par une fatale condescendance pour des suggestions de cour auxquelles personne ne lui sait plus gré d'avoir obéi. Eh bien ! cette accusation, qui n'était d'abord qu'un nuage élevé du fond d'un marais fangeux, réceptacle de toutes les haines armées contre la révolution, prend une sorte de consistance ; on en fait un corps de délit, au moins un corps de livre très-volumineux ; on publie ce dernier, on le prodigue, on l'annonce dans quatre journaux, on en donne des extraits ; et (chose inouïe dans les annales d'une nation qui se respecte ou que l'on respecte !) on défend de réfuter ces turpitudes dans les seuls journaux qui, depuis une année révolue, ne fassent pas un procès quotidien à la patrie ! Vainement l'écrivain, pour avoir le droit de laisser percer quelques accens de vérité, s'enveloppe de circonlocutions qui, dans d'autres jours, seraient justement regardées comme des actes inexplicables de bassesse ; on lui dit impudemment : « Tu te tairas ; souviens-» toi que ton journal est à nous. Nous en avons

» d'autres plus dévoués. Là nous laissons an-
» noncer la calomnie, si nous n'ordonnons de
» le faire ; et ton silence même , que nous te
» défendons de déclarer obligé , nous servira
» encore ; car il fera supposer de plein droit
» que nos argumens ou ceux de nos amis sont
» sans réplique. »

Effectivement , n'a-t-on pas vu un journal
me reprocher d'avoir inséré dans le *Courrier
Français* un article où ma pensée manquait
de développemens convenables et peut-être de
cette vigueur dont, avec un peu de liberté,
elle prendrait l'empreinte dans ma conscience,
au défaut d'un talent qui, fût-il quelque chose,
n'aurait encore de prix à mes yeux que comme
moyen de conviction ? Les malheureux ! ils
nous mutilent eux-mêmes, et ils nous demandent pourquoi nous ne marchons pas droit !
Journalistes et censeurs à la fois : dans cette
seconde qualité, ils nous tirent notre sang et
nous affaiblissent; dans la première, ils viennent ensuite nous porter des défis et nous parlent
avec ironie de notre misère ou de notre silence,
comme si ce n'était pas leur ouvrage ! Qu'on
nous le dise ! que devient la page la plus pro-
fondément, la plus sensément pensée, lorsque,
de quinze lignes en quinze lignes, on en re-
tranche ce que l'écrivain a préparé de plus

concluant contre son adversaire ou pour le soutien de sa propre opinion? Voilà pourtant ce qui a lieu tous les jours à la censure; et les cartons de l'administration du *Courrier Français* en font foi. Étendu sur ce lit de Procuste, coupé de la tête aux pieds, taillé le plus souvent dans ses parties viriles, l'article le plus sincèrement constitutionnel n'est plus qu'un cadavre sans mouvement que l'on impose sous la presse, parce qu'on ne peut en faire le sacrifice; parce que ce sacrifice, s'il laissait un vide dans le journal, prendrait une couleur séditieuse, et qu'insignifiante ou non, lorsqu'il s'agit de toutes les destinées de notre pays, il faut que, chargée d'une certaine quantité d'encre, la feuille parte à l'heure convenue.

Comment les choses pourraient-elles se passer d'une autre manière? les censeurs sont juges et parties intéressées; ils le confessent eux-mêmes. Il en est un qui, dans sa candeur, m'a déclaré n'avoir accepté de telles fonctions que pour faire prévaloir son propre sentiment. Il est certain que, s'il est au monde un moyen de succès qui, en matière de discussion, ne se tire ni de la logique ni du sens commun, c'est celui-là. Mais la cause de la patrie n'est pas toute entière dans les gazettes; on le verra, on le reconnaîtra peut-être trop tard; les temps

lui susciteront d'autres avocats que des journalistes, et auxquels il sera probablement un peu
plus difficile d'opposer des réponses. C'est pour
épargner de tels hasards à mon pays et à une
famille auguste dont personne ne conteste les
droits, que je prends aujourd'hui la plume.

Les Bourbons sont hors la grande cause qui
s'agite en ce moment, cause dont le succès est
infaillible : un gouvernement égaré les y jette.
Je dis *égaré*, et il y a dans cette expression une
bienveillance signalée. Pourquoi, en effet, exposer au choc et à la collision des partis un
trône qui sort à peine de ses ruines ; auquel les
intérêts populaires demandent protection, et
qui a besoin de l'appui des intérêts populaires ;
qui s'affaiblit de la force momentanée que lui
emprunte le privilége ; qui est à la veille de
devenir solidaire des violences de celui-ci
comme en 1815 ; qui ne souffre déjà que trop
du faux zèle de l'église, et qui se prive imprudemment de ses plus sincères amis ?

Il existe dans Paris un homme qui, au péril
de ses jours et pendant dix-sept années, est
resté attaché à une royauté pour laquelle le
dévouement avait le mérite complet du sacrifice ; qui a été fidèle à la religion du malheur,
qui a servi dans les mauvais jours, et qui n'en
a pas exigé le prix dans les bons ; qui a montré

une âme forte, un grand talent et un zèle dés-
intéressé. Cet homme assistait aux conseils
du prince rétabli sur le trône héréditaire ; il
défendait le domaine de l'instruction chrétienne
et française, des envahissemens d'un ordre qui
compromet tout ce qu'il n'inquiète pas ; il don-
nait par sa présence un grand poids aux actes
dans lesquels il intervenait : eh bien, cet homme
n'est plus rien !

Il en est un autre qui, aux dons d'un noble
caractère et d'une belle âme, joignait celui
d'une éloquence forte et persuasive : on l'a vu,
dans les temps d'orage, chercher à conjurer la
tempête ou s'y dévouer ; il aprodigué les preuves touchantes d'un attachement qui n'a jamais
été suspect. De même qu'il unissait dans sa pensée sa patrie et son roi ; de même qu'il chérissait
celui-ci dans l'intérêt de celle-là, il a constamment placé et adoré sur le même autel leurs
images révérées. Ce culte cher à son cœur re-
cevait de ses paroles une consécration magique :
elle associait à ses sentimens l'élite de la nation, qui se les appropriait. Comment, en effet, le voir ranimer une nature défaillante pour
offrir à son pays et à son roi les restes d'une
voix qui tombe et d'une ardeur qui s'éteint,
sans éprouver cet entraînement qui est un des
plus beaux priviléges de l'espèce humaine, dans

la personne des êtres appelés à l'exercer sur leurs semblables ? Ce mortel arrivé au déclin de sa carrière s'asseyait aussi dans les conseils du prince : son exemple était une autorité, son nom une force. Eh bien, cet homme n'est plus rien !

Par des mœurs douces et un esprit cultivé ; par le charme d'une grande bonté native ; par l'ascendant d'une connaissance réelle dans les affaires et dans les vrais intérêts de l'état, un autre homme, chez lequel une capacité positive était peut-être voilée de trop de dehors aimables pour que ses ennemis ne se permissent pas de la mettre en question, était entré dans la faveur du chef auguste de la famille régnante ; il a plus d'une fois plaidé devant lui, et avec succès, la cause du malheur et celle de la patrie, qu'un sort funeste a confondues à diverses époques, depuis nos fatales dissensions intestines. Il a voulu fonder le trône sur la base large et solide de l'intérêt public. Faible par amitié, il est poursuivi par ceux-là même qui ont profité de ses torts ; il est défendu par ceux qui en souffrent, mais qui sont assez justes pour faire la part à des circonstances entraînantes, si elles n'ont même été impérieuses. Le souvenir des services qu'a reçus de lui la patrie est resté : c'est son acte d'accusation auprès des uns, son plus beau titre auprès des autres. Plus fidèle sujet que ferme citoyen, il a peut-être le reproche à se faire de s'être trop abdiqué lui-même dans un grand attachement ; on l'en a puni en le chassant des bras de son royal ami ; on lui a dit : « Votre présence » nous inquiète ; vous pouvez encore rendre un » père à ses enfans, et des sujets fidèles , mais » contristés, à leur prince. C'est ce que nous ne » voulons pas : le privilége ne peut se fonder » que sur la haine et la désunion de la famille, » et il nous faut le privilége. Allez-vous-en ! » Et cet homme a accepté un brillant exil (2).

Ce départ a été regardé comme une conquête ; pour le rendre irrévocable, on a fait intervenir les plaintes d'une jeune princesse à laquelle on a appris à haïr ce qu'elle ne connaît pas, et à alarmer sa famille adoptive sur une santé doublement précieuse. C'est en haine de M. le duc Decazes, c'est dans la crainte de son retour, que la commission de censure a été nommée, instituée , gouvernée, investie de pouvoirs dictatoriaux.

Quand elle fut demandée par le ministre de l'intérieur à la Chambre des députés, on la présenta en perspective comme devant servir à calmer la fougue des partis, et elle n'a fait que servir les haines d'un parti. Créée dans un gouvernement constitutionnel, il était naturel, convenable même que, dans ses distributions, elle eût une tendance vers les amis de nos institutions nouvelles ; qu'elle protégeât la révolution rentrée dans le lit creusé par la Charte ; qu'elle en régularisât le cours, et qu'elle ordonnât le silence aux espérances criminelles, de quelque côté qu'elles osassent élever la voix. C'était le seul moyen qu'elle eût au monde de ne pas sembler une monstruosité inexplicable dans un système représentatif où les citoyens sont appelés à vivre de rapports et de communications, et où l'opinion, de manière ou d'autre, tend de force à se mettre en équilibre. Est-ce là ce qu'a fait la censure ?

Elle s'est ouvertement prêtée aux envahissemens d'une église que le grand Bossuet eût combattue ; elle l'a laissée afficher des idées ultramontaines, sans songer que notre haut clergé, par une aversion qu'il ne déguise pas contre le régime actuel, s'est absolument placé, sous les rapports politiques, dans la position hostile où se trouva le clergé papiste de Jacques II, pendant la restauration anglaise. Grande et extrême maladresse, puisqu'elle fait perdre à la fois à la religion tous les avantages de son caractère national, et ceux du rôle de conciliatrice qu'elle était appelée à jouer dans nos débats ! En marquant ainsi un but contre-révolutionnaire qu'elle ne saurait atteindre, elle affaiblit le trône de toute la protection qu'elle est réduite à lui demander, et de toute la force qu'elle lui emprunte. En descendant imprudemment dans l'arène, elle s'est abaissée à trembler sur ses propres destins; car, lorsque l'homme tourne ses yeux vers le ciel, il ne doit pas craindre d'y trouver un ennemi de ses droits légitimes et de son bonheur terrestre. A la manière dont le catholicisme s'exploite en France, on le prendrait uniquement pour la religion des gentilshommes. Le catéchisme de l'évêque de Soissons, qui ordonne le paiement de la dîme, et qui rappelle les hommages dus à l'ancien seigneur de la paroisse, n'a pas même été désavoué. Il faut qu'à ce sujet je place ici une anecdote précieuse dans les fastes de la censure.

. Lié avec le docteur Pariset, qui faisait partie de cette commission, je me plaignais de la mauvaise nourriture qu'au mépris de la loi de l'état le sacerdoce ne rougit pas de donner au peuple; il m'interpella sur ce que je ne consacrais pas à ce sujet important quelques lignes du *Courrier-Français*, journal dans lequel personne ne niera que les principes religieux ont été constamment respectés. Je lui répondis que ce serait peine perdue, et que la censure n'autoriserait pas le transit de l'article. — « Je garantis le contraire, répondit-il, si vous n'êtes ni virulent ni moqueur. — Vous savez, répliquai-je, que ce n'est pas là ma manière de traiter les sujets graves; ce ne serait, que pour la soutenir, que je porterais la main à l'arche sainte; mais cette témérité ne me serait pas plus pardonnée qu'au temps passé. » Le voyant insister, je lui dis : « Composez vous-même l'article; mettez-y tout le baume du ciel, et vous verrez encore qu'il ne sera pas assez coulant pour la censure. » Le docteur Pariset se rendit à mes désirs; dès le lendemain, il m'envoya une vingtaine de lignes dont je fis la soumission à l'aréopage de la rue des Saints-Pères, qui, ignorant, sans doute, de quelle main elles partaient, toujours conséquent à lui-même, rejeta bravement l'œuvre d'un collègue (3).

Même exigence, même sévérité en matière philosophique : non-seulement il ne faut pas heurter les idées de messieurs les commissaires, mais, hors le cas d'éloges, ils vous interdiront de nommer les écrivains qu'ils honorent de leur approbation ou de leur amitié. Dans quelques pages que le public a eu la bonté de remarquer, j'avais assez heureusement défini l'égalité civile, telle que la consacre le gouvernement représentatif; j'avais été par conséquent dans le cas de contredire l'auteur de la *Légis-*

lation primitive ; l'article trouva grâce, à la vérité, et on n'y raya que quatre mots, mais ces
quatre mots étaient : *comme dit M. de Bonald.*

Je ne blâme pas cette tendresse ; je trouve
même tout simple qu'elle déborde sur les amis
de messieurs les commissaires; mais je souhai-
terais pourtant que cette affection fût un peu
plus générale. Il y a des contrastes qui plaisent,
qui sont harmoniques dans la nature; il en
est d'autres qui sont choquans par leur rap-
prochement même. Les douces sollicitudes de
l'amour, placées en regard des signes non équi-
voques de la haine, produisent ce dernier effet;
et si je voyais la femme la plus jolie passer tout
à coup d'un langage amical à la délation et à
l'insulte ; si, après avoir murmuré les paroles
du cœur, fût-ce à mon oreille, elle faisait entendre envers un étranger des cris de colère
et d'emportement, elle perdrait à mes yeux
tous ses charmes, l'autel serait renversé, et la
Vénus du jour ou de la veille ne serait plus
pour moi que la mégère du carrefour.

Cette censure si chatouilleuse pour ses amis,
si obséquieuse pour ses maîtres, chaque jour
que Dieu nous donne, laisse remplir cinq gazettes de calomnies infamantes contre des pairs
de France, des députés et des gens de lettres,

dont les noms sont chers à la patrie. Je m'abstiendrai de souiller ma plume en exhumant de
pareilles saletés; je me bornerai à dire que,
parce qu'il a plu au ministère, pour le succès de
ses projets, d'avancer, dans le *Moniteur*, que
les députés insultés, menacés et maltraités
le 3 juin par les gardes-du-corps, accourus
pour cette belle œuvre de Versailles, de Saint-
Germain-en-Laye et du quai d'Orsay, étaient
des conspirateurs, cette injure est prodiguée
sous l'inspection de la censure aux délégués des
départemens, sans qu'on soit admis à la réfu-
tation. Hier encore, le *Journal des Débats*
avait, et sous la même inspection, l'étonnante
hardiesse d'imprimer que deux députés libéraux, désolés de n'avoir pu livrer à l'anarchie la
capitale de la France, s'étaient rendus à Rouen
pour renouveler leurs tentatives sur cette
grande cité. Or, il était notoire (et on l'avait
dit) que MM. Lafitte et Casimir-Perrier avaient
passé par cette ville pour leurs affaires, et que,
n'ayant pu se dérober aux témoignages de la
reconnaissance publique, ils avaient été l'occasion de quelques concerts, dont les sons malheureusement sont discordans pour certaines
oreilles. Certes, voilà un acte de délation for-
melle qui eût pu exciter l'attention de messieurs les commissaires; et quand cet oubli

est opposé à la vigilante sollicitude exercée au profit de M. de Bonald, il est permis de dire que, si la flamme de l'amitié jette une lueur bien vive dans la rue des Saints-Pères, la justice y a brisé depuis long-temps sa balance et son niveau.

Le motif de ces préférences et celui de ces haines envenimées sont connus. Le système rétrograde est une résolution; on veut le transformer en réalité. *Tuez l'infâme*, disait Voltaire dans un délire désavoué par la vraie philosophie : *Tuez la Révolution*, disent après lui d'autres énergumènes qui ne seront pas plus heureux dans leurs efforts ; car la Révolution, fille du Temps et de l'Égalité, est robuste comme son père et juste comme sa mère : or, ce qui est fort et juste est assuré de vivre. Comme nous avons plus d'une fois défini l'égalité civile, et que l'on ne saurait, sans une insigne mauvaise foi, se méprendre sur le sens que nous lui donnons, nous ne ferons pas à nos lecteurs l'injure de replacer sous leurs yeux des interprétations superflues. Le droit commun est devenu l'Évangile du jour ; il n'y a plus d'ambiguïté dans les termes, et toute la politique se réduit présentement à jouer les cartes sur table.

Je sais que nous devons respect et dévouement à la famille régnante ; personne ne le conteste. N'avons-nous pas dit qu'elle est en ce moment hors la cause qui se débat entre le droit commun et le privilége ; ses ennemis pourraient seuls l'y mêler. Je sais qu'il faut que le gouvernement soit possible, et qu'il ne peut l'être que par une adhésion de fait et de volonté de tous les honnêtes gens au pouvoir ; mais il ne faut pas oublier non plus que ce gouvernement est constitutionnel, et que, si on s'écarte des principales conditions de la constitutionnalité, si on froisse les droits qu'elle garantit, on renonce au moins à l'adhésion de sentiment ; et de la défection de celui-ci au désordre, il n'y a qu'un pas dans un pays où, par l'effet de la division des intérêts, la force accordée transitoirement à la minorité doit être de sa nature flottante et incertaine.

La chose la plus déplorable que l'on pût prévoir chez nous, serait que, dans ces mouvemens de l'opinion publique, que dans ces mécontentemens même dont le levain peut fermenter au fond des cœurs de quelques patriotes désappointés, l'armée prétendît jouer un rôle : l'exemple donné en Espagne et à Naples n'est pas fait pour nous. Il est possible que chez ces deux nations sans antécédens de lumières, la classe sous les drapeaux eût sur le peuple une supériorité de fait, si ce n'est d'instruction, et qu'un soldat y fût quelque chose en l'absence de citoyens ; il n'en est pas de même chez nous. Nous n'avons pas besoin de Quirogas ; ils ne nous vaudraient rien : l'instruction, la propriété, les talens, et jusqu'à la force militaire, sont dans le corps de la nation française, mais non dans son armée à peine naissante, et toute neuve dans les hasards des combats. Il serait effrayant que cette dernière fît son apprentissage dans une guerre civile vers laquelle on nous pousse très-imprudemment. Le mélange des hommes impliqués dans la conspiration de Vincennes, et leurs opinions antipathiques, prouvent au moins que des partis divers se promettaient d'en recueillir le fruit. Je ne rechercherai pas ce qu'il y a de positif dans cette conspiration annoncée depuis quatre jours ; c'est la tâche du tribunal suprême auquel elle sera déférée. Il y a lieu de croire qu'elle n'est pas sans réalité, puisque, par la voie du *Moniteur*, le ministère l'a dénoncée à l'opinion publique. Qu'elle soit conçue de l'alliance de quelques hommes qui rêvent de Napoléon et de sa famille, avec quelques autres qui ne seraient pas fâchés, par un coup vif au profit du privilége, de forcer le pouvoir à se jeter entre leurs bras, ou qu'elle soit tout simplement la tentative folle de certaines espérances coupables sans machiavélisme, il sera toujours vrai que le ministère aura eu tort de lui accorder une publicité officielle : les traditions du règne précédent, en cela plus sage, auraient dû le préserver de ce faux pas. On n'avait pas alors la maladresse de se présenter sans cesse sur le volcan, quoique le Vésuve fumât quelquefois. J'oserais affirmer qu'après la lecture du *Moniteur* de dimanche 20 août, les dépêches des ambassadeurs se sont toutes accordées *en un point essentiel*, et l'ont offert à leurs puissances respectives comme une difficulté presque insoluble.

Il résulte toujours de ces essais (quelle qu'en soit la véritable origine), de l'agitation qui fatigue les esprits depuis huit grands mois, mais principalement depuis le 15 février, qu'on suit une route pernicieuse depuis huit mois, et principalement depuis le 15 février. Les mouvemens des provinces, ce qui se passe même et presque partout sous les drapeaux, prouve qu'il est urgent pour la monarchie de se rallier au libéralisme. Elle lui apportera beaucoup ; mais elle ne gagnera pas moins. C'est par là seulement qu'en se rassurant elle-même, elle rassurera l'Europe sur ses destinées. Pourquoi les Bourbons et la Liberté ne signeraient-ils pas un pacte indissoluble ? Ils ne sont possibles qu'ensemble. Ce n'est à aucun d'eux de s'en plaindre.

Jusque-là on ne saurait compter sur cette paix, dette capitale que les princes contractent envers leurs sujets, et qui obligerait les premiers au plus grand des sacrifices envers les seconds, s'il n'était en leur pouvoir de l'acquitter. Dans le triste état où nous sommes, mon opinion est que les agitations des masses ne peuvent être que fréquentes. Je m'abstiendrai de leur donner le nom de conspiration, plus justement affecté aux partis qui se disputent le pouvoir : car les peuples ne conspirent pas ; ils s'entendent tout simplement avec eux-mêmes. Israël ne conspira pas contre la tribu de Benjamin, après l'infâme outrage des habitans de Gabaa envers l'épouse du lévite d'Éphraïm ; mais il se rassembla comme un seul homme.

La France ne présente-t-elle pas quelque chose de pareil dans l'accueil uniformément flatteur qu'elle fait, sur plusieurs points éloignés, aux députés qui ont voté contre les lois exceptionnelles ? Il n'a existé aucun truchement entre le Cantal et le Finistère, entre les départemens d'Ille-et-Villaine et de la Seine-Inférieure ; et pourtant les mêmes fêtes, les mêmes congratulations ont été simultanément offertes à MM. Guilhem, Desbordes, Girardin, Guittard, Le Graverend et Monthiéry. Le mot d'ordre n'est parti d'aucune gazette, puisqu'à ce sujet le silence le plus rigoureux leur a été imposé, acte que nous examinerons bientôt en droit, et qui, en fait, nous semble une usurpation de la souveraineté. Le prétendu comité-directeur est resté muet; la *Minerve* n'a point donné d'avis; la trompette de la *Renommée*, depuis long-temps brisée, n'a fait entendre aucun son; les capitalistes n'ont point ouvert leurs coffres; et pourtant les témoignages d'estime, de respect même, prodigués aux députés français, ont été tels, par leur pompe, qu'ils n'eussent pas été indignes de têtes couronnées. Je ne citerai pas les réceptions sur lesquelles il ne m'est parvenu que des détails dont je ne pourrais pas affirmer toute l'exactitude; mais je dirai, sans m'exposer au reproche d'exagération, que le retour de M. Guilhem dans ses foyers, depuis Angers jusqu'à Brest, n'a été qu'une longue et brillante fête de famille; des escortes nombreuses à pied et à cheval, des cortéges de voitures, des députations des communes limitrophes des grandes routes, des banquets de cent et de cent cinquante couverts, l'attendaient à Angers, à Nantes, à Quimper, à Landerneau et dans sa ville natale. Pendant les six dernières lieues de son voyage, la foule qui se pressait sur ses pas, de dix mille s'est élevée au nombre de vingt mille hommes. Certes, cet honorable collègue est digne de l'estime publique; mais, comme nous tous, fidèle à la conscience, il n'a fait que payer sa dette à la patrie; il le sait bien, et il n'ignore pas plus que tout autre que, dans sa personne, c'est le *vote* dont on acquitte le prix en valeur vraiment nationale, et que la France émue a saisi cette occasion de confondre dans un même cri l'expression de ses besoins et celle de sa reconnaissance (4). Certes, il n'y a pas de fortune en Europe assez robuste pour solder de pareilles fêtes; il n'y a pas de voix assez imposante pour les commander. S'il existait dans mon pays un être dont le pouvoir fût au niveau de ces actes, je demanderais qu'on me le montrât, et je l'inviterais aussitôt à s'asseoir à côté du monarque; car, quand on opère de telles choses, on a le droit, au moins, d'entrer en partage du diadème !

Eh bien! cet être existe, et vainement on essaierait de le détrôner. C'est l'opinion publique; depuis six mois le ministère refuse obstinément de lui rendre hommage; ce n'est pas assez pour lui de fermer les yeux à l'évidence, il veut jeter tout le royaume dans un état de cécité; il ira même jusqu'à le mettre en interdit moral et intellectuel; car est-il au monde, et dans un gouvernement représentatif, rien de plus insolite que la défense faite, à des hommes qui ont un seul et même intérêt, de se parler et de s'entendre? On n'a permis de publier les événemens de Naples que huit jours après que la nouvelle en était parvenue à Paris, c'est-à-dire quand on ne pouvait plus les dissimuler; il en a été de même de plusieurs autres, du dehors, contenus dans les journaux allemands et anglais; et comme si ce n'était pas assez d'isoler ainsi la France de l'Europe, on veut la séparer d'elle-même, par le défaut de communications entre les départemens. Ainsi a-t-il fallu obtempérer à l'ordre de céler le retour dans leurs foyers des délégués du peuple français. Le *Courrier* a été blâmé pour avoir fait suivre de trois points l'arrivée dans leur famille des députés du Finistère. Ce n'est pas assez que de se taire, il faut sembler n'en avoir pas reçu le commandement. Je ne sache pas que les chambres, quand elles ont accordé la censure des journaux aux instances ministérielles, aient prévu qu'on en ferait un tel usage; je dirai même plus : elles n'en avaient pas le droit. A elles permis d'interdire telles ou telles discussions, si elles voulaient courir les risques de ces défenses qui ne sont ni dans la nature du système adopté, ni dans l'intérêt réel du pouvoir : mais rendre un peuple étranger à ce qui

se passe à ses portes, à ce qui se passe chez lui-
même, c'est, d'autorité privée, l'effacer de la
carte de l'Europe, c'est le scinder en autant de
lambeaux qu'il a de provinces ; c'est lui arra-
cher sa vie de relations ; c'est l'amputer et le
tuer moralement. Oui, c'est un grand délit ;
car le pouvoir de Dieu ne va pas jusque-là ;
il ne saurait empêcher que les faits ne soient
des faits ; il ne saurait les anéantir ; ils échappent à son domaine privé pour grossir le
trésor du monde intellectuel ; par suite des
lois de solidarité, ils appartiennent à tout ce
qui y a droit ; et la bonté toute-puissante, en
faisant de l'être humain une créature essen-
tiellement communicative, n'a pas entendu
que quelqu'un fût étranger dans sa propre patrie, puisqu'elle n'a pas voulu que l'homme le
fût dans l'univers même. Isoler ce qui ne vit,
ce qui n'existe que par la sociabilité, est-ce
autre chose qu'anticiper sur la mort ? Et qui
êtes-vous donc pour promener ainsi sur la
terre la faux du trépas ? Vous aurait-on donné
par hasard le pachalik de l'intelligence ?

Que si nous examinons les institutions qui
nous régissent, nous trouverons que, dans un
autre sens, le tort dont il s'agit n'est pas moins
grave. Accorder à un peuple le gouvernement
représentatif et y joindre la censure des jour-

naux, c'est de la même main octroyer et ôter; c'est vouloir et ne vouloir pas. A quoi songez-vous? vous souhaitez inspirer partout la confiance; vous l'affirmez, vous en sentez le besoin; jamais celui-ci ne fut si pressant : et vous controuvez tout, et vous ne voulez pas seulement entendre ce que l'on aurait à vous dire! Certes, il se passe ici quelque chose de fort extraordinaire : c'est le spectacle d'un peuple français chez lequel on prétend faire du gouvernement représentatif avec les notes des cabinets étrangers, des rescripts impériaux, des ukases, des notifications du conseil aulique, des ordres de gentilhommes de la chambre, un clergé excentrique, des mandemens et des menaces d'invasion. Pour appuyer ces mesures, on chasse des fonctionnaires anciens dans la monarchie et dans la liberté (5), qui travaillaient pour l'une quand elle n'était que le germe d'une espérance, et qui, avec non moins de courage, défendaient l'autre contre ses propres excès. Ces hommes avaient fait le départ de la révolution; il avaient vu ce que la couronne et la patrie pouvaient s'en approprier, ce qu'elles en devaient rejeter comme impur; ils avaient reconnu que le pouvoir lui-même devait se fortifier des conquêtes faites sur le privilége, et la morale publique fleurir sur les ruines des abus, comme la plante salutaire sur un vil limon.

De telles vues sont traitées aujourd'hui avec mépris. Ces citoyens, que la France royaliste et constitutionnelle, si elle pouvait parler, s'empresserait de signaler comme le point central de ses opinions et de sa pensée, on cherche à les flétrir du nom *doctrinaires*, dans les feuilles privilégiées du privilége. Ils n'ont garde de repousser cette prétendue injure; chacun d'eux en accepte sa part. Quels que soient les événemens que l'on amasse par une telle marche, quel que soit l'avenir que l'on remue, ils ne rougiront jamais d'avoir proclamé comme possible l'alliance du trône et de la liberté, de la religion et de la philosophie. Il pourront gémir de l'insuccès, quoique les obstacles doivent être imputés à d'autres; mais ils se tiendront toujours pour honorés de la tentative.

Et comment, en effet, espérer d'heureux destins pour un pays où tout se règle, depuis six mois, au profit de l'intérêt du plus petit nombre, et par conséquent en sens inverse de l'opinion publique? Si l'on prétend avoir gagné du terrain depuis cette époque, l'on est victime d'une étrange erreur. Les destitutions de sujets chéris dans leurs départemens respectifs sont un mauvais moyen de persuasion, et l'honorable

M. de Saint-Aignan éconduit comme préfet de Saint-Brieuc, où l'on savait apprécier des sentimens patriotiques, que ni l'émigration ni la perte d'une grande fortune n'avaient pu refouler dans son âme généreuse, assurent près des colléges supérieurs de la Loire-Inférieure et des Côtes-du-Nord, le triomphe des intérêts populaires (6). Ainsi, à mesure qu'un sage libéralisme s'affaiblit, au sein d'un gouvernement qui méconnaît son origine et se trompe sur ses moyens d'existence, il va s'exaltant dans la nation, au risque d'enflammer d'une folle ardeur les esprits et les courages. Repoussé (et certainement à l'insu du monarque) d'une cour inhospitalière, il se réfugie dans le simple asile des foyers domestiques ; les cabanes même lui ouvrent leurs portes ; il parle pour tous, il embrasse tous les intérêts ; il a le droit de se dire juste, puisqu'il demande pour tous la même fortune ; et l'on a la maladresse de lui laisser prendre l'attitude d'un suppliant, et on lui accorde les honneurs contagieux de la persécution ! De là, la nécessité de faire sentir aux troupes leur importance, dont elles ne doivent jamais, et surtout individuellement, posséder le secret. Faute de vouloir des citoyens, on sera réduit à caresser des soldats. Triste et impuissante ressource ! car nous vivons dans des temps où la force morale et la force physique tendent à se donner la main, et à se refuser à tout appel qui ne leur serait pas commun. Il est difficile qu'avec la composition présente des armées, l'homme qui a un uniforme sur le dos ne raisonne pas, quand à côté de lui l'on se plaint et l'on murmure.

Des chefs supérieurs, le vertige descend aux subalternes. A Paris, dans le ministère, on témoigne le désir de peser sur les élections prochaines, de manière à en faire sortir des choix oligarchiques. Eh bien! dans les départemens, les préfets notifient officiellement qu'ils *s'opposeront* aux candidatures populaires, comme frappées de la *désapprobation* du gouvernement. Tel a été déjà le langage de M. de Nugent, dont M. le maréchal de camp Cardeneau a dû se rendre l'interprète près du lieutenant général Lamarque, ainsi que l'atteste une lettre adressée par ce dernier à M. le préfet des Landes, lettre dans laquelle le lecteur reconnaîtra des sentimens non moins remarquables par leur patriotisme, que par la noblesse et la modération des idées (7). Telle est la pauvreté des moyens avec lesquels on se prépare une majorité qui échappera nécessairement à MM. les ministres, pour peu qu'elle soit constitutionnelle, et qui leur fera la loi si elle ne l'est pas.

Quelques-uns d'eux, à une autre époque, en ont déjà acquis la preuve personnelle. Au reste, mettons-nous bien dans l'esprit qu'une majorité n'est quelque chose dans la chambre, que parce qu'au moins, dans les actes essentiels, elle est censée être la représentation de celle du dehors. L'élu représente l'électeur; mais l'électeur, en stipulant pour lui-même, doit encore représenter la plus grande masse possible des intérêts sociaux. Si, par des violences ou des combinaisons astucieuses, vous parveniez à faire des électeurs et des élus qui ne représentassent qu'eux-mêmes, c'est-à-dire, cette aristocratie que vous appelez témérairement de toute la force de vos désirs, votre chambre ne serait qu'un instrument faux; les sons qu'il rendrait étant en désaccord avec le diapason de l'opinion publique, les oreilles seraient révoltées, et l'auditeur malévole, si vous ne le faisiez vous-même, serait tenté plus d'une fois de le briser dans son impatience.

Que si vous étiez décidés à braver les plaintes et le mécontentement, à avoir perpétuellement tort dans les débats et raison dans les scrutins, au nom du ciel, et dans l'intérêt de ceux qui vous commettent, ne nous parlez plus de gouvernement représentatif; épargnez-vous cette jonglerie, car vous joueriez-là un mauvais jeu ; et un trône auquel vous auriez ôté toute couleur nationale, croulerait bientôt devant une tribune.

Remarquez bien que vous avez placé dans votre système, et de votre propre main, un germe de destruction imminente ; c'est la licence des discussions parlementaires et la servitude de la presse. Vous commandez au journaliste, mais vous ne pouvez atteindre l'orateur ; ainsi tous les deux vous échappent, et le journal se fait à la tribune. Je vous prédis que si, dès l'ouverture de la chambre de 1820, vous ne présentez pas et ne faites pas adopter une loi qui régularise l'exercice de la liberté de la presse, il ne vous restera qu'à introduire de prime-abord votre commission de censure dans l'enceinte même du palais des députés, dans ce sanctuaire de la loi, et à lui confier la rédaction de vos séances, auxquelles le public ajoutera telle foi qu'il jugera convenable.

Bon Dieu ! est-ce là ce que nous devions attendre, après six années écoulées depuis la déclaration de Saint-Ouen ? Notre édifice constitutionnel ne devrait-il pas être assis ? Nos lois organiques ne devraient-elles pas avoir reçu leur développement ? Le trône de Henri IV ne devrait-il pas être fermement appuyé sur les intérêts du peuple ? L'occasion était si belle ; les conjonctures étaient si favorables, qu'il m'étonne qu'au lieu de jouir en paix du présent, on soit réduit à redouter l'avenir. Chaque Français, assis à l'ombre de sa vigne et de son figuier, eût savouré si bien les fruits de la civilisation ! chaque famille eût, avec tant d'effusion, rendu grâces au ciel protecteur de ses destinées, et au prince sa touchante image ! Le climat de la France est si doux, ses campagnes sont si belles, et ses habitans si bons et si généreux ! Vaine et triste énumération d'un bonheur que l'on avait sous la main, et que l'on repousse avec délire ! Nous ressemblons à des frénétiques qui brisent leurs meubles, et se plaignent ensuite de leur dénûment. Malheur à ceux qui ont voulu faire leur part la plus grande, car il ne fallait qu'entrer en partage ! Ils crient sans cesse à la conspiration, et ils ont raison ; car la conspiration est permanente ; elle est immense ; elle se recrute chaque jour, elle agit sans cesse ; elle est dans les écrits comme dans les discours, dans les monumens comme dans l'air que l'on respire ; je lui prête ma voix en cet instant, ainsi que je le fis il y a deux années révolues , non sans l'approbation de quelques-uns de ceux que je combats aujourd'hui. Cette conspiration est mûre; réprimée ici, elle éclatera ailleurs , jusqu'à ce que son succès soit assuré : c'est celle du droit contre le privilége ; le trône est aussi un droit, et un droit précieux pour tous, comme l'a très-bien établi un de nos plus célèbres orateurs (M. Royer-Colard) : pourquoi cherche-t-on à lui donner l'alliance du privilége ? N'est-ce pas lui créer des périls ? car le privilége tombera immanquablement : c'est la pyramide renversée sur sa pointe. La monarchie des Bourbons demande, à grands cris, d'autres bases et d'autres auxiliaires.

Nous ne nous dissimulerons pas, et c'est peut-être un des embarras de notre position , qu'il existe en Europe , et principalement en France , un travail excessif de l'intelligence. Cette vie active et toute spirituelle, à laquelle sont livrés plusieurs cerveaux , prime trop les simples opérations de l'industrie. Elle constitue un excès nuisible au corps social , une sorte d'orgasme nerveux, dont les besoins sont trop universels pour être également satisfaits. L'é-ducation publique appelle à cet égard quelques réformes faciles , et qui, sans enlever à aucun être humain cette portion d'instruction que réclame la dignité de sa nature et de citoyen français, n'ouvriraient le sanctuaire de la méditation qu'aux génies marqués du sceau de quelque supériorité morale. L'exubérance que nous venons de remarquer, et qui donne un aspect très-brillant à l'époque actuelle, ne laisse pas d'offrir quelque chose d'inquiétant dans ses résultats éventuels; car la pensée, aussi énergiquement, aussi généralement agissante, ne saurait se passer d'alimens; et, par une réaction naturelle, ces alimens, à leur tour, en accroissent l'intensité. Peut-être, à cet égard, le gouvernement du roi, depuis six années révolues, n'est pas exempt de reproches. Telle est du moins mon opinion. En mettant chaque jour en question tout notre système social, il donne aux esprits cette pâture provocante qui accroît le mal au lieu d'y porter le remède; il exalte, il sublime la pensée qu'il faudrait calmer; par ses imprudens essais, la fermentation s'accélère, et sa main trop imprudente ne cesse d'y jeter des matières inflammables. Si l'on avait d'abord accordé ce que réclamait un besoin universellement senti, les facultés intellectuelles, autrement occupées, se fussent sans doute rabattues sur les nécessités de la vie ordinaire; tout porte à croire qu'alors elles eussent suivi un autre cours que celui dont on paraît concevoir quelqu'inquiétude. Au reste, ne nous plaignons pas trop de cet excès ; il atteste au moins une belle nature, et il proclame de nobles destinées. L'arbre de la science peut produire des fruits amers; mais ce n'est pas leur suc que Circé exprimera dans sa coupe.

Si c'est contre cette tendance, en elle-même généreuse, que prétendent s'armer les gouvernemens de l'Europe ; si c'est contre elle qu'ils disposent leurs forces militaires et leurs ligues, ils ont tort ; ils accroîtront le mal au lieu de l'écarter. La seule politique humaine et raisonnable, la plus profitable au pouvoir lui-même, est de satisfaire au besoin réel des peuples qui, étant sortis de la position des siècles précédens, demandent une législation appropriée à leurs mœurs du jour et à leurs habitudes nouvelles ; le but de la sainte alliance n'est que faiblement dissimulé, et c'est une maladresse ; elle laisse percer assez des vues qui la dirigent, pour effrayer tout ce qui ne croit pas que le bonheur de l'humanité tienne à se jeter entre les bras de l'autorité absolue ; et elle ne présente pas non plus assez de forces effectives pour que, de sitôt, elle soit en mesure de consommer son projet ; or, si le temps entre ici en ligne de compte, ce ne sera pas elle qui en aura le bénéfice. On sait que, faute de pouvoir replacer sur l'autel les illusions dont le charme n'opère que dans une obscurité mystérieuse , elle regarde la guerre faite aux lumières comme un de ses premiers moyens : mais qu'est-ce que la civilisation sans lumières ? Où celles-ci s'éteignent, que reste-t-il de l'homme ? un simulacre qui ne vaut pas la peine d'être conservé , que l'on méprise que l'on opprime sans pudeur, et presque sans remords. En cela il y a conséquence d'action de l'oppresseur contre sa victime ; ainsi une loi ordonnait à Rome que la vierge con-damnée à mort subît auparavant les outrages du bourreau. Il n'est pas de traitement si dur qu'on ne puisse exercer envers ce qui a été une fois avili.

La note de M. de Metternich à M. le baron de Berstett, ministre de Bade, déchire, pour qui l'examinera bien , les voiles déjà très-légers dont s'enveloppe la politique des principales cours européennes ; à peine y laisse-t-elle un transparent à travers lequel il est facile de lire que les constitutions, données à regret, doivent avoir un terme , ou passer au moins par des modifications qui en altére-ront totalement les formes. On voulait des *conseils*, et l'on est tout surpris d'avoir laissé échapper de ses mains des gouvernemens représentatifs que l'on cherche à ressaisir (8). Dans toute action il faut un point d'appui : c'est ce que l'on a senti ; aussi s'est-on arrêté au plan de prendre les peuples tels qu'ils sont présentement ; de s'approprier le pouvoir *partout où il est*, dans l'administration, dans le civil, dans la justice, dans le militaire, dans le religieux ; et de ces divers forts, de tirer sur l'opinion publique désarmée et abandonnée à elle-même au milieu de ce feu croisé. Une marche rétrograde, et promptement rétrograde, serait le résultat inévitable de ce système, à la gloire duquel il ne manquera que le succès ; car il suppose une chose tout-à-fait fausse, une chose déjà démentie par les faits, qui est que l'opinion publique, arrivée au point où elle est, se bornera à être raisonnante et contemplative.

La phrase si curieuse et si sacramentelle de M. de Metternich, *qu'il faut demander partout le maintien de l'ordre actuel, comme le moyen de reconquérir ce qui est perdu,* mérite toute notre attention, en même temps qu'elle nous confirme dans les idées que nous venons d'émettre. Le célèbre diplomate ne dissimule plus ; il dit même un peu plus bas que dans les autres pays, comme en France, on ne doit adopter les institutions nouvelles que pour travailler

plus sûrement au retour des anciennes. Ainsi,
c'est sous l'abri de ce que nous avons de plus
cher que se construira la batterie masquée
dont on attend le renversement de notre édifice constitutionnel ! Le même écrit, que nous
discuterons dans une remarque spéciale (et il
en vaut bien la peine) blâme ouvertement la
conduite des affaires en France ; or, depuis la
seconde restauration, il est hors de doute que
les reproches tombent spécialement sur l'or-
donnance du 5 septembre, la loi des élections
et celle du recrutement. On semble oublier que
ces actes ont reçu l'adhésion des cabinets de
l'Europe, et notamment de celui auquel appar-
tient l'écrivain improbateur !

Il n'est pas douteux qu'on ne nous regarde
comme le foyer d'une grande agitation publique. Par leurs révélations imprudentes, par
leur marche perturbatrice, par la compromis-
sion des intérêts, et même par celle des droits
acquis, nos ministres, depuis six mois, ne
donnent que trop de poids à ces accusations
imméritées. S'ils entrent dans les vues de
M. de Metternich, il peut leur reprocher beaucoup de maladresse, et nous une suprême injustice envers leur propre pays, qui ne fut
jamais plus avide de paix et de repos. Des

actes violens dans la législation radicale pouvaient seuls le tirer de cet état dont il sent le
besoin. Satisfaite dans ce qu'elle a de sage, la
révolution tendait au calme, et peut-être au
calme plat : entourée de visages ennemis, elle
s'est mise en colère.

L'écrit que l'on vient de lire a été tracé d'un seul jet, et nous n'avons pas voulu, pleins que nous étions nous-mêmes de notre pensée, distraire celle du lecteur en plaçant sous ses yeux des notes confirmatives de nos assertions. Il va maintenant les parcourir avec pitié ou indignation, mais non sans intérêt; car, dans les temps où nous sommes, pourrait-on imaginer rien de plus fait pour exciter tous ces sentimens que les attaques continuelles portées aux droits des citoyens, par un ministère qui oublie ou méconnaît le vœu du fondateur de la charte; qui éloigne de lui les plus sincères et les plus anciens amis de la monarchie constitutionnelle; qui occupe les jurys de toutes les assises de ses poursuites contre des écrivains distingués dans l'ordre civil et social, tandis que les outrages faits aux députés à la porte de leur propre palais sont encore impunis; et qui semble vouloir refouler jusqu'au fond des cœurs français le sentiment de l'indépendance nationale? La destitution de MM. Royer-Collard, Camille Jordan, était un événement extraordinaire, et comme tel, elle devait donner lieu à des réflexions plus étendues que celles sur lesquelles nous avons appelé l'attention du lecteur. C'est une lacune que nous ferons prochainement disparaître. Nous n'oublierons pas que M. Guizot, homme d'un talent mûr et d'une probité inflexible, d'une délicatesse plus qu'ordinaire, et dénué de toute fortune, a subi le même sort. Ne fussions-nous pas liés avec lui par les liens d'une estime réciproque, nous lui devrions quelques lignes; car tous ses torts, comme les nôtres, sont de vouloir en même temps les Bourbons et la liberté. Qu'il nous soit permis, au moins ici, de donner aux mêmes titres le même témoignage d'intérêt à M. de Barante, dont nous ne louerons pas les qualités éminemment spirituelles, puisqu'il les a déjà fait connaître comme le précédent; mais, ce qui est un peu plus à nos yeux, qui a sacrifié une direction générale à son devoir tel que le lui traçait sa conscience.

Ne perdons pas de vue que nous vivons dans un gouvernement représentatif, et que le poids des destitutions prononcées n'y porte nullement sur le monarque. Dans la pensée du ministère actuel, elles tiennent à un système, et ce système est passible d'un examen comme les autres objets d'administration publique.

Certes, nous n'aurons garde d'épuiser ce qui concerne la commission de censure. Si nous

nous plaignons de sa partialité, nos lecteurs, devant lesquels nous mettrons les pièces du procès, deviendront ses juges et les nôtres. Nous nous bornerons à faire observer à ce tribunal (que nous ne déclinerons jamais) des contrastes et des oppositions de conduite, dont un éloignement positif pour nos institutions peut seul livrer le secret. En effet, est-il rien de plus remarquable que de dénier à M. de Jouy la simple annonce de sa réplique dans une affaire qui lui a été suscitée en haine d'un beau sentiment national? Est-il quelque chose qui révolte plus la droiture naturelle que de laisser accriminer cet écrivain dont les lettres s'honorent, et par conséquent préparer sa condamnation juridique, dans une feuille enrichie pendant deux ans de ses charmantes productions, sans lui permettre de se justifier, non dans cette feuille ingrate, mais dans celle où il exerce des droits de collaborateur et de propriétaire?

Nous n'attaquons ni le caractère, ni les qualités personnelles des membres qui composent la commission de censure. Nous savons ce qu'on doit d'indulgence à des positions et à des temps difficiles; une défection, bien remarquable dans ce tribunal, doit même tenir en garde contre les jugemens trop sévères dont il pourrait être l'objet. M. le docteur Pariset, que nous

nous félicitons de pouvoir compter au nombre de nos amis, a ouvert les yeux ; d'autres le feront peut-être. Son âme généreuse , digne compagne d'un beau talent, s'est indignée à la pensée de devenir complice ou instrument d'un système qui effraie la patrie, et qui lui a déjà coûté des pleurs. Nous nous félicitons d'avoir été l'occasion de ce noble mouvement, en confiant au papier quelques lignes bien mesurées, bien circonspectes, sur l'apparition peu mesurée, peu circonspecte, d'un mémoire répandu avec profusion par M. Clausel de Coussergues, et annoncé avec éclat, même par extraits, dans les journaux du parti.

L'obstination avec laquelle on a refusé le droit de passage à cet article, que nous copions textuellement, a révolté le docteur Pariset, et l'envoi de sa démission a été la suite naturelle de cette manifestation de mauvaise volonté envers M. le duc Decazes, pour lequel il professe d'autres sentimens. La commission de censure, sensible à la perte qu'elle vient de faire, n'a pas voulu qu'on en donnât connaissance au public. La difficulté de combler les vides, la porte à les dissimuler; cela est tout simple; mais est-ce que le docteur Pariset serait tellement devenu sa propriété qu'il ne pût se revendiquer lui-même ?

Il faut reconnaître ici que, huit jours après que ces choses ont eu lieu, nous avons été autorisés à faire usage de notre article, ce à quoi nous nous sommes refusés, car il ne disait plus ce qu'il y avait à dire sur ce sujet. D'autres vont s'acquitter de cette tâche. Nous savons que notre honorable collègue et ami M. Benjamin-Constant y donne ses soins, et si nous avions été tentés de nous en occuper nous-mêmes, l'apparition d'un tel talent dans la carrière eût probablement suffi pour nous en écarter. M. le comte d'Argout, pair de France, devait rompre une lance pour un ami : il l'a fait ; voilà que déjà les juges du camp proclament sa victoire. Instruit de ces dispositions, et par un reste de pudeur, le gouvernement a enfin parlé dans *le Moniteur* et dans le *Journal de Paris;* et son langage tardif, s'il ne prouve pas une grande bienveillance envers un ancien collègue qui défendit autrement l'ex-ministre M. Corvetto, atteste au moins qu'il ne compte pas qu'un oubli absolu des convenances trouve grâce devant la nation française. Rendons justice à cet acte d'appréciation des sentimens du public.

NOTES EXPLICATIVES

ET

PIÈCES AU SOUTIEN.

NOTE Ière.

Du Mémoire de M. Clausel de Coussergues. (Article
rejeté par la commission de censure.)

« C'est une chose bien remarquable, dans les premières
années de l'établissement de notre régime représentatif, qu'une proposition d'accusation contre un président
du ministère, lancée par un membre de la chambre des
députés! Elle prouve par le fait que les ministres sont
accusables, et que leur responsabilité n'est pas aussi
illusoire qu'on a voulu quelquefois le soutenir ; mais il
est encore une chose non moins remarquable dans nos
mœurs qui, je le crois, de long-temps ne se prêteront
à une telle innovation, c'est que le mémoire accusateur
paraisse et circule en l'absence du prévenu. On se demandera comment M. le duc Decazes ayant habité la
France et Paris pendant les cinq mois qui ont suivi la
fameuse proposition de M. Clausel de Coussergues, c'est
justement le moment où il remplit des fonctions près
d'une cour étrangère que son ennemi choisit pour lui
porter des coups bien peu honorables, puisqu'ils ne peuvent être immédiatement suivis de la riposte. Cette
question qui naît naturellement d'une telle attaque,

chacun se l'adressera à soi-même, et l'on s'étonnera, non sans motifs, que l'auteur du volumineux factum dont le public va s'occuper, ne l'ait pas prévue tout le premier. L'intervalle de temps écoulé entre l'agression primitive du mois de février et les développemens mis au jour dans le mois d'août, n'est pas propre à donner une haute idée du jugement de leur auteur; et, dût-il alléguer pour excuse de ces délais, la nécessité de se livrer à de longues et pénibles recherches, on se croira au moins en droit de penser que l'acte d'accusation improvisé par lui à la tribune nationale, manquait à la fois de cette maturité et de cette sagesse de réflexions qui ne doivent jamais abandonner les hommes en place dans leur conduite publique ou personnelle. Qu'arrive-t-il de ces démarches précipitées? Pour les soutenir, on est obligé de faire correspondre les notes, les documens, les récits avec le but que l'on se propose; on plie tout à ce désir; on fausse toutes les notions; on altère, et souvent sans le vouloir, tous les témoignages. Cette position est bien autre que celle du célèbre auteur de l'histoire de Malte, qui attendait avec bonne foi, et sans intérêt personnel, des renseignemens pour son fameux siége. Il s'en passa, parce que *son siége était fait.* Mais M. Clausel de Coussergues ne pouvant pas être aussi généreux, dès lors que son siége n'était qu'annoncé, il est fort à craindre que les documens, ramassés de droite et de gauche par ses honorables amis, n'aient été exposés à subir encore quelques altérations avant d'entrer dans le cadre auquel ils sont destinés.

Habitant d'un pays de côtes, et bordé par un grand littoral, j'ai eu quelques relations avec le célèbre Bernardin de Saint-Pierre. On sait que cet écrivain, si supérieur par le charme et le naturel de ses tableaux , si habile dans la partie descriptive et pittoresque du style , se piquait de hautes connaissances en physique : c'était son côté faible; il le sentait peut-être ; aussi essayait-il de le fortifier. Toutes nos conversations roulaient sur les phénomènes maritimes, sur les équinoxes, le flux et le reflux ; certes , dans cette affaire , entre nous la lune n'avait pas beau jeu ; et chaque fois que je partais pour mon département , l'habile peintre des effets de la nature , mais le faible interprète de ses lois , me disait : « Souvenez-vous donc de m'envoyer quelque chose pour mon système des marées. »

Je ne doute pas que , plein de son idée , M. Clausel de Coussergues n'ait dit ainsi , et plus d'une fois , à quelques-uns de ses honorables collègues , voire même à quelques noble pairs de France : « Envoyez-moi donc quelque chose contre M. Decazes ! »

Au reste , il est difficile de suivre une autre marche quand on a un plan donné , et que l'on est astreint à y obéir. Le sujet accepté , vous n'êtes plus maître des accessoires. De fort jolis dessins , destinés à orner un ouvrage de littérature , avaient été gravés ; les planches étaient là , on ne savait qu'en faire , car le manuscrit dans lequel elles devaient s'enchâssser avait disparu ou n'avait point été terminé: on chargea Duclos de réparer cette perte , et de composer un roman auquel les estampes pussent s'ajuster ; ou plutôt c'était le texte qu'il fallait ajuster aux estampes. Il fit le conte d'*Acajou et Zirphile* , où il y a quelques idées agréables , mais peu de naturel et de vérité. Somme toute, cet ouvrage fut trop loué dans son temps. L'auteur des mémoires que nous annonçons avait aussi son estampe ; le *Conserva-*

teur la lui avait fournie à la manière noire , dans le genre le plus sombre et le plus déplorable. Cette estampe avait ses contre-épreuves dans la *Quotidienne* et le *Drapeau-Blanc :* c'était M. Decazes commettant ou aidant à commettre un grand crime. M. Clausel de Coussergues s'est mis à l'œuvre. Aura-t-il mieux fait qu'*Acajou et Zirphile ?* c'est ce que nous examinerons. »

K.

NOTE II.

Nous avons dit plus d'une fois ce que nous avions à dire sur l'administration politique de M. le duc Decazes : Le même sentiment d'impartialité avec lequel nous nous sommes expliqués à ce sujet , nous fera reconnaître que jamais les arts , les lettres , les sciences et les établissemens utiles et sanitaires n'ont été plus encouragés que pendant son ministère. M. Mirbel , secrétaire-général de l'intérieur , membre de l'Institut , homme doué de cette fermeté et de cette modération qui font chérir et respecter à la fois le pouvoir , est entré parfaitement dans ces vues. Sujet fidèle de son roi , non moins qu'ami sage de la liberté , il offrait dans sa propre maison , et dans la réunion des personnes qui tenaient à honneur de la fréquenter , l'alliance des sentimens auxquels il avait donné droit d'asile dans son cœur. On voyait chez lui , mêlés par groupes , et conversant ensemble , le savant et le littérateur , l'agronome et le publiciste , l'artiste et le méthaphysicien , l'ecclésiastique et le député : là , aucune parole que ne pût avouer le royalisme le plus pur , ou qui fût dans le cas de porter ombrage à la liberté ; elles ont laissé des traces dans ma mémoire ces soirées de communications franches , de discussions quelquefois vives, mais sans aigreur, de réflexions judicieuses sur les arts qui embellissent la vie de l'homme, et d'épanchemens intimes qui en font le charme! M. de Mirbel a cru devoir quitter une administration dont son noble ami n'était plus le chef; il a même donné sa démission de maître de requêtes. Je n'aurai garde d'oublier que M. Villemain, l'un de nos littérateurs les plus distingués, chargé par le même ministre de la direction générale de la librairie, a cru devoir également marquer par sa retraite un changement de système qui trouvera peu d'approbateurs.

NOTE III.

Article de M. Pariset (refusé par MM. ses collègues de la Censure).

« D'anciens catéchismes sont, dit-on, réimprimés eń France, et l'on conserve dans ces réimpressions des choses que réprouve la charte, cette charte qui est à la fois l'expression de la volonté royale et le gage de la félicité publique. Ne serait-il pas à propos de soumettre à une censure ces catéchismes réimprimés, et de substituer à des vieilleries anti-constitutionnelles, sinon toute la charte, au moins quelques-unes de ses principales dispositions ? Est-il rien de plus conforme à l'évangile que la charte ? est-il rien de plus propre à inspirer de l'amour et de la vénération pour son auteur auguste et pour sa dynastie ? »

Quand on rejette de pareils articles; quand les prélats refusent de reconnaître le seul concordat qui ait un caractère public et légal en France, pour vivre précairement dans l'attente d'un autre concordat déjà frappé

de l'animadversion publique , comme vient de le faire
M. l'évêque de Rennes ; quand on laisse prêcher quoti-
diennement une doctrine ultramontaine dans certains
journaux; quand on ne la laisse pas combattre par d'autres ;
quand les jésuites, chassés des états étrangers , se placent
en tête de notre commission d'instruction publique , on
annonce hautement ce que l'on veut , ce que ne peut
vouloir notre auguste monarque, et ce qui se comprend
sans aucune explication.

J'ignore le sort de cet écrit; ce que je sais , c'est qu'il
est constitutionnel et monarchique , comme je le serai
toujours moi-même ; car la loi la plus sacrée pour un
citoyen est de soutenir, de toutes ses forces, la forme
de gouvernement sous laquelle il vit; Cependant je ne
répondrais pas que ces pages, qui échapperont à la censure , ne fussent déférées aux tribunaux. Si tel est leur
sort, je serai peut-être dans le cas de demander pourquoi
tant d'autres productions beaucoup moins innocentes ,
non – seulement passent impunément dans toutes les
mains , mais sont mises dans celles de la jeunesse ?
je demanderai pourquoi un abrégé de l'*Histoire de
France* , classique dans le collége de Lyon , deux fois
réimprimé dans cette ville, n'a jamais fixé les yeux de
l'autorité , quoique chacune de ses pages proclame le
mépris de la nation française et de ses institutions , de
ses armées et de ses citoyens? Cependant , il est notoire
qu'il est propre à provoquer la division entre deux
branches de la famille royale, par des réflexions incon-
sidérées , et qui ne devraient pas être offertes à la jeunesse (page 204 , tome 2) ; qu'il regarde comme
un crime l'établissement d'une monarchie constitutionnelle (page 153); qu'il donne des notions fausses de

goût, en citant La Bletterie, l'abbé Proyart, des Billons, Fréron, Guénée, Nonotte et madame Leprince de Beaumont, comme les premiers écrivains du dernier siècle (page 176); qu'il s'extasie aussi longuement que ridiculement, eu égard à l'âge de ses lecteurs, sur les fêtes galantes de Louis XIV (pag. 180 et suiv.); qu'il en impose à la face de l'Europe, en mettant au-dessus de nos découvertes nouvelles dans les arts, celles des quatre-vingt premières années du même siècle (page 203); qu'il contient des mensonges notoires (pages 345 et 362); qu'il approuve sans pudeur les traitemens les plus durs exercés envers les Français par les étrangers (page 372); et qu'enfin ladite histoire s'exprime en termes si indécens sur le genre de la dernière maladie de Louis XV, et sur sa vie privée, que nous rougirions d'en salir nos pages, autant par respect pour le trône héréditaire, que pour le public qui doit nous lire (page 115 du même volume)!

Il est vrai que l'historien, qui se complaît dans ces détails, n'oublie pas de consigner dans le même livre un éloge pompeux des jésuites, et une satire virulente du gouvernement qui en signa l'expulsion. Voilà le mot de l'énigme; mais voilà aussi l'ouvrage que l'on met entre les mains de la jeunesse, et voilà ce que l'on se garde de déférer à l'examen des tribunaux !

NOTE IV.

La censure n'a point permis de mettre sous les yeux du public les relations des honneurs rendus aux députés du côté gauche de la chambre élective; elle avait ses raisons pour cela ; en revanche, elle a autorisé les insertions de récits calomnieux, et où l'on affecte de mépriser plusieurs citoyens estimables ; témoin l'article suivant , extrait avec fidélité de la *Ruche d'Aquitaine* : .

Brest, 13 août 1820.

Mon bon ami , je vous transmets quelques détails sur la manière dont on a reçu ici M. Guilhem, l'un des députés , comme vous le savez , du département du Finistère.

Instruits qu'il avait quitté Landerneau pour se rendre à Brest, vingt-cinq à trente jeunes gens de cette ville s'empressèrent de louer aussitôt des chevaux , et d'aller à sa rencontre en chantant des hymnes patriotiques. Ne croyez pas , mon ami, que ces jeunes gens, auxquels plusieurs autres se réunirent dans la route , marquent à Brest soit par leur famille , soit par leur fortune, ou par leurs qualités personnelles ; hélas ! ils n'ont rien de tout cela : mœurs et principes indignes de tout loyal Français, ignorance honteuse , murmures continuels contre le gouvernement , haine vouée à jamais à l'auguste dynastie de Bourbons , voilà ce qui caractérise ce ramas d'esprits turbulens, choisis en secret par leur très-digne chef Ch......, pour accueillir le noble soutien de leur coterie.

Un dîner de deux cents couverts doit être donné incessamment à l'honorable député. Dès qu'il aura lieu, je vous annoncerai les résultats qu'amèneront inévitablement les élans patriotiques des convives, et l'esprit des vins dont ils échaufferont leur libéralisme.

Recevez , mon cher ami , mes salutations bien cordiales.   *Signé* ......

Maintenant faisons connaître la vérité ; la voici toute
entière : c'est que M. Guilhem, comme nous l'avons déjà
dit, après avoir reçu l'accueil le plus flatteur dans les départemens qu'il a parcourus, et où l'on a même offert,
au nom de la population, des bouquets à son épouse
dont il était accompagné, a vu redoubler les témoignages de l'estime publique au chef-lieu de son département, d'où, au milieu des plus touchantes acclamations,
il prit la route de Brest. Voici ce que l'on nous écrivait
de Landerneau le 11 août :

« J'eus infiniment de plaisir à embrasser M. Guilhem
» hier matin ; nous fûmes à sa rencontre à près d'une
» demi-lieue, escortés de cinquante cavaliers et de huit
» voitures. Toute la population était sur pied ; le service
» divin en souffrit, car les fidèles quittèrent l'église,
» pour crier bravo et saluer le défenseur de leurs droits.
» Conduit à la salle de la redoute, il y trouva un déjeuner
» de cent quarante couverts ; ceux de MM. Kératry, Des-
» bordes et Daunou, n'y étaient point oubliés. Leurs
» portraits ornaient la salle, leur santé fut nominative-
» ment portée avec la plus grande cordialité. Deux cents
» Brestois à cheval, quatorze voitures, des commis-
» saires de Morlaix, Landivisau, Lesnéven, Châteaulin,
» Quimper, et trente cultivateurs à cheval, députés de
» diverses parties du Finistère, vinrent se joindre au
» cortége qui quitta Landerneau à deux heures du soir.
» Une foule innombrable couvrait la route de Brest à
» Guipava, quoique l'on eût intimé aux ouvriers du
» port la défense d'aller au-devant de M. Guilhem. »

Lisons maintenant ce qui nous a été mandé de Brest
dans les jours suivans, et ce qui a été rejeté par la
censure :

« M. Guilhem, député du Finistère, est de retour dans ses foyers. Depuis qu'il est entré dans le département, sa marche a été retardée par le concours des citoyens qui se sont pressés sur son passage. Il a reçu dans chaque ville les félicitations et les hommages des Bretons, tous sincèrement attachés au roi et à la charte.

» On ignorait encore les honneurs qui ont été rendus à M. Guilhem par les habitans d'Angers et de Nantes. Quand on sut à Quimper qu'il se proposait de ne pas s'arrêter dans cette ville, une députation l'engagea à demeurer au moins un jour au chef-lieu du département. Un banquet de cent couverts fut préparé à la hâte. Quarante personnes à cheval escortèrent la voiture de M. Guilhem lorsqu'il quitta Quimper.

» A Châteaulin et au Faon, les habitans ont remercié leur représentant des efforts qu'il n'a cessé de faire afin de conserver aux Français les garanties de leurs droits.

» M. Guilhem est arrivé le 6 à Landerneau, toujours accompagné d'une troupe de citoyens à cheval. En outre, deux cents cavaliers partis de Brest s'étaient portés aux limites de l'arrondissement, avec les députations des communes rurales. Après un déjeuner de cent cinquante personnes, M. Guilhem repartit pour Brest. Il est entré dans cette ville à six heures du soir. Quatre cents cavaliers, une foule d'hommes à pied, et trente-cinq voitures, dans lesquelles étaient beaucoup d'électeurs, marchaient avec lui. Il a été conduit jusqu'à sa maison : là, on lui a exprimé la reconnaissance et le dévouement que les Bretons ont voués aux défenseurs des libertés constitutionnelles, et spécialement aux représentans du Finistère.

» Malgré la pluie qui a tombé dans la matinée, près de vingt mille habitans de Brest ou des environs s'étaient rendus hors des portes. La route, sur une étendue de six lieues, était couverte de citoyens qui saluaient leur respectable député.

» Dans la marche, l'ordre le plus parfait a été conservé; aucun accident n'a troublé la satisfaction générale. Les cris de *Vive le roi! vive la charte!* unaniment prononcés, ont prouvé combien la reconnaissance peut inspirer d'enthousiasme. Les mêmes acclamations, répétées à diverses reprises, ont recommencé à la fin d'une brillante sérénade.

» On prépare un banquet et une fête où beaucoup de personnes se rassembleront. »

Il est fâcheux que M. le procureur général de la cour royale de Paris se soit rencontré à Brest le jour même où un député de l'opposition y était l'objet d'un pareil enthousiasme. Le contraste d'opinion dans les deux mandataires du peuple français, en a amené un bien frappant dans la manière dont ils ont été accueillis, et, malgré les instantes sollicitations du député breton, le député parisien a entendu sous ses croisées une musique très-discordante, tandis qu'un concert harmonieux attirait une grande partie de la population dans un autre quartier de la ville; car il paraît arrêté en principe chez nous que la *sérénade* et le *charivari* y deviennent l'accompagnement obligé du gouvernement représentatif. Les mœurs anglaises, il faut en convenir, ont quelque chose de moins civil. Les vitres brisées, les sifflets moqueurs, la boue jetée aux voitures des ministres eux-mêmes, et les voies de fait exercées contre les maîtres qu'elles renferment et les laquais qui les escortent, constituent une désapprobation plus vive et plus serrée dans sa logique, dont je souhaite que nous nous passions pendant long-temps en France. Au reste, M. Bellart se loue des procédés de son respectable collègue en cette circonstance, et se félicite même de l'avoir rencontré à une aussi grande distance de la capitale; on prétend que M. Bourdeau, procureur général de la cour royale de l'Ille-et-Vilaine, est à la veille de lui avoir une pareille obligation. Un tel procédé n'a rien qui doive surprendre de la part de l'honorable M. Guilhem ; mais il conduit à se demander que diable vont faire à Brest tous les procureurs généraux de France, et pourquoi ils sembleraient avoir choisi ce moment pour s'y donner un rendez-vous ? car, en admettant qu'ils veuillent prendre des bains de mer, Saint-Malo est plus près de Rennes pour l'un; Dieppe ou Rouen de Paris, pour l'autre.

Il m'est doux de pouvoir raconter que mon digne et honorable collègue, M. Desbordes, dans l'arrondissement de sa résidence, a vu ses concitoyens accourir au-devant de lui, avec le même empressement et les mêmes congratulations prodiguées à M. Guilhem. Puisse ce témoignage mérité de l'estime publique adoucir la douleur d'un père et d'une mère dont le cœur a été brisé, à Paris, par la plus cruelle des séparations, celle d'une fille unique, enlevée dans la fleur de l'âge et de la beauté, et dont les restes ont été déposés au cimetière du P. Lachaise, quelques jours avant le départ de M. et Mme. Desbordes ! Le murmure de la reconnaissance de nos compatriotes est doux à notre oreille; il couvre la voix de la calomnie; il fait taire les insinuations jalouses; mais il est malheureusement sans force contre le cri de la nature; et au milieu des réunions dont il aura été le mo-

tif, ce couple respectable n'aura regretté que plus vive=
ment ce qu'il a perdu.

Nous savons au moins que les habitans de Morlaix ont
su respecter cette douleur sacrée, tout en acquittant la
dette de la patrie envers un excellent citoyen. La musique, qui est ordinairement l'âme de pareilles fêtes, a été
bannie de celles données à M. Desbordes; le bruit assombri du tambour a seul annoncé sa présence et les
toasts libéraux; car le cyprès était mêlé à la branche de
chêne qu'il avait méritée. Nous allons copier textuellement la lettre qui nous a été adressée de Morlaix à ce
sujet. Nous omettrons ce qui nous serait personnellement flatteur dans les récits qui nous sont parvenus.

Morlaix; le 15 août 1820.

« M. Borgnis-Desbordes, député du Finistère, vient
de rentrer dans ses foyers. Sa noble conduite lui ayant
mérité l'estime et la reconnaissance de ses compatriotes,
ceux-ci ont cru de leur devoir de lui en donner une
preuve non équivoque au moment de son arrivée. Environ cent cinquante citoyens à cheval, une foule de
peuple et plusieurs voitures ont été à sa rencontre à trois
quarts de lieue de Morlaix; des députations des villes de
Brest, Landerneau, Landivisiau et des communes voisines, se sont jointes à la population presque entière de
notre ville pour suivre et accompagner jusque chez lui
cet honorable représentant, aux cris de *Vive le roi, auteur de notre charte! vivent nos députés fidèles à leur
mandat!* Aux limites de Morlaix, M. et madame Desbordes ayant mis pied à terre, plusieurs dames de la
ville ont fait avancer une autre berline qu'on tenait
prête, y ont fait monter madame, et, ayant pris place
à ses côtés, se sont efforcées d'adoucir ses chagrins et

de lui rendre moins pénible sa rentrée dans son appar-
tement : pendant qu'elle était l'objet de ces soins affec-
tueux, un vieillard de 75 ans s'est détaché du cortége, et
s'approchant de M. Desbordes, lui a présenté au nom de
la population une adresse courte et touchante, dont
voici les paroles. « Nos cœurs comprimés par une dou-
» leur que nous partageons, ne peuvent que vous té-
» moigner en silence nos regrets et notre gratitude. »
Mais ces deux lignes, expression d'un sentiment vrai,
étaient suivies de quatre pages de signatures.

« Une branche de chêne, à laquelle il nous a fallu
joindre quelques feuilles de cyprès (M. Desbordes vient
de perdre une demoiselle âgée de vingt ans qui eût été
l'honneur de son sexe), était le seul présent qui pût lui
convenir, et nous le lui avons offert ; mais le député qui
a défendu nos droits et nos libertés avec autant de courage que de persévérance, a eu assez de force pour con-
centrer sa douleur et ne se montrer sensible qu'à notre
juste empressement.

« Le surlendemain ce digne mandataire a été invité à
un banquet de plus de cent couverts, préparé dans une
salle où étaient placés le buste de notre roi, et en regard la charte qu'il nous a donnée ; c'était une réunion
où l'harmonie la plus parfaite a constamment régné ;
mais on a eu égard à la douloureuse situation du père
en fêtant le député, et la musique n'a osé faire entendre
ses accens, ni exprimer notre enthousiasme et notre satisfaction.

» Pour terminer le repas, notre respectable maire, a,
le premier porté un toast à notre roi et à son immortel
ouvrage ; un second a ensuite été porté aux deux chambres, et à tous les défenseurs de nos droits ; un autre à

nos braves armées ; et le dernier par M. le maire à *tous* les habitans de Morlaix , quels que soient leur fortune , leur rang et leurs opinions.

» On a chanté plusieurs couplets convenables à la fête, qui a été terminée par une distribution de pain et de viande au domicile des pauvres non-mendians , indiqués par le bureau de charité. »

Les commissaires , etc.

RAYEROIS , BEAU JEUNE.

A Lorient, le même accueil attendait M. Villemain , député du Morbihan ; à Vannes, le général Fabre son collègue ; à Ploermel, M. Robert que réclame le même département ; à Saint-Brieuc et à Dinan, MM. Beslay , Néel , Carré, députés des Côtes-du-Nord , au nombre desquels la reconnaissance publique aura regretté de ne pas rencontrer M. Rupérou , si bien associé de cœur et de sentiment à leurs travaux , et que ses fonctions à la cour suprême de France retiennent dans la capitale...

Rennes n'a pas été moins prodigue de fêtes envers MM. Le Graverend et Monthierry. Vainement des ordres administratifs ont essayé d'imposer silence aux acclamations dont ils étaient l'objet ; vainement a-t-on défendu les sérénades. A l'heure accoutumée , les croisées s'ouvraient devant les appartemens de ces défenseurs de nos libertés , et de brillans concerts , que la population honorait de sa présence , rendaient hommage à la loi , en même-temps qu'ils désappointaient dans ses désirs l'autorité prévenue.

Chaque département pourrait en dire autant de ceux de ses députés qui ont fait partie de l'opposition dans la session dernière ; chaque département pourrait raconter et leur rentrée dans leurs foyers au milieu des acclamations publiques, et l'accueil glacial, fait à leurs collégues dissidens, quand il n'a pas été plus sévère.

C'est contre ces flots de témoins, qui déposent du mécontentement général, que les ministres poursuivent leur route destructive de nos libertés. Ils réjouissent le cœur de nos ennemis, des ennemis de la France. Tel est le seul fruit qu'ils puissent se promettre de leurs efforts ; car heureusement il est plus difficile de refaire l'opinion que de changer un système électoral.

A l'instant même où nous tenons la plume, nous apprenons à regret que, malgré les efforts de M. Guilhem, à Brest, de M. Desbordes à Morlaix, leur collègue Bourdeau n'a pu échapper à sa destinée ; il lui a fallu subir la sérénade dite la *brestoise* ; il prétend que c'est le procureur général qui a reçu cet accueil ; les Finistériens soutiennent que c'est le député ; c'est une question qui sera dans le cas d'être jugée. En attendant, M. Bourdeau a laissé des ordres pour *instrumenter* en la première qualité.

NOTE V.

Parmi les fautes du ministère, il en est peu de plus grave, de plus vivement sentie que la destitution des conseillers d'état qui ont combattu dans les chambres ses derniers projets.

Il a cru faire un acte de vigueur, il n'a fait qu'un acte de passion.

Il a cru montrer la science du gouvernement, il n'a manisfesté qu'une ignorance réelle de ses premiers intérêts.

Rien n'aura préparé d'avantage la chute de son influence dans la session qui va s'ouvrir.

C'est en vain qu'il a prétendu s'autoriser de l'exemple
de l'Angleterre.

Jamais exemple ne fut plus mal entendu, plus mal
appliqué.

On conçoit qu'en Angleterre un petit nombre de fonctionnaires députés, soumis à la réélection après avoir
accepté des emplois, consultés d'avance par le ministère
sur la marche à suivre, destinés à se retirer avec lui
s'il succombe, puissent contracter l'engagement de le
soutenir dans des mesures administratives qui laissent
d'ailleurs intact tout l'ordre constitutionnel.

Mais quel rapport entre un tel système et la prétention immorale qu'ose afficher notre ministère, et qu'il a
voulu sanctionner par les dernières destitutions? Qu'on
le remaque bien en effet; ce qu'il entend, ce qu'il exige,
c'est que tous les fonctionnaires députés, sans être soumis à la réélection, sans avoir été consultés par le gouvernement sur le projet qu'il médite, soient tenus à voter
pour toutes ses mesures, lors même qu'elles iraient à
changer les lois fondamentales du pays, qu'ils y soient
tenus non-seulement envers un ministère, mais envers
tous les ministères passés, présens et futurs; et cela,
dans un temps où ces ministères se succèdent avec une
effrayante rapidité; où ils adoptent tour à tour les sys-
tèmes les plus contradictoires; où souvent c'est le même
ministère qui, dans la même année, donne l'exemple
des variations les plus étranges.

Ainsi, pour bien accomplir dans toute sa plénitude
ses devoirs prétendus, pour ne pas mériter le châtiment
de la destitution, le fonctionnaire député aurait dû,

l'an passé, repousser tout changement à la loi des élections comme une *tentative séditieuse* ; puis cette année
voir la *sédition* dans le refus de changer la loi ; soutenir
d'abord, avec le premier projet de réforme, la nécessité
de violer la charte ; puis, avec le second projet, la convenance de respecter la charte ; puis enfin, adopter, sous
la forme de l'amendement de M. Boïn, un troisième
projet qui renferme l'indirecte censure et condamnation
des deux premiers ! Ce n'est pas tout, et toujours suivant
la bannière ministérielle, le même fonctionnaire eût eu à
professer, dans l'intervalle de dix-huit mois, les opinions
les plus contraires sur la liberté de la presse, sur la liberté individuelle, sur la direction de l'esprit public ; il
lui eût fallu tantôt fuir, tantôt rechercher les hommes
de 1815, tantôt voir au milieu d'eux le principal danger,
et tantôt le principal appui du pouvoir !

Dans quel gouvernement représentatif a-t-on conçu
jamais l'idée d'imposer à des fonctionnaires, au sein des
chambres, une dépendance plus abjecte, plus contraire
à tous les devoirs du loyal député, à tous les sentimens
de l'homme d'honneur ?

Quoi de plus opposé surtout à la délicatesse du cara-
tére français ?

Qui désormais, dans nos corps électoraux, voudra
choisir des fonctionnaires pour députés ?

Qui pourra, dans la chambre, les écouter sans dégoût,
défendant des mesures du gouvernement avec leur éloquence obligée ?

Qui pourra dans la nation respecter des lois formées
par des majorités peu nombreuses, que de tels votans
auraient seuls décidées ?

Et c'est ainsi qu'un ministère imprudent annulle

d'avance toute l'influence si précieuse , si nécessaire , qu'il eût pu exercer dans les chambres par des fonctionnaires dont il devait respecter plus que tout autre le caractère : car, dans nos mœurs, qui ne semblera au moins indépendant, sera bientôt avili.

Si au moins, en professant un système aussi absurde, aussi funeste, l'administration l'avait uniformément, impartialement appliqué..... Mais non , la plupart des ministres actuels ont complétement oublié ce système pendant quatre ans , à l'égard d'une foule de fonctionnaires appartenant à l'exagération royaliste , et laissés en paix dans l'opposition la plus injurieuse ; ils l'ont oublié envers tous ces fonctionnaires du centre droit qui, l'an passé , combattirent avec tant d'amertume leurs projets dans la chambre ; récemment encore , ils viennent de pardonner à M. Courvoisier son opposition sur la loi des élections , dans un espoir que certainement cet honorable député ne satisféra pas.

Toute la rigueur de l'application du système est maintenue , surtout pour deux hommes envers lesquels, au contraire, si l'on avait eu quelque pudeur , tout commandait des égards plus marqués , tout indiquait la convenance de l'exception. MM. Royer – Collard et Camille Jordan, citoyens entourés de l'estime universelle, royalistes éprouvés par toutes les persécutions révolutionnaires, ayant des premiers donné l'exemple si important de l'accord du dévouement royaliste et du zèle constitutionnel ; qui, depuis 1815 , ont rendu aux ministères successifs d'importans services ; qui ont toujours accompagné leurs oppositions passagères des plus délicats ménagemens ; qui, en repoussant cette année quelques projets du ministère, ne faisaient que défendre , avec les prin-

cipes de la charte, les opinions toutes récentes de ce
ministère lui-même ; qui, sur la fin des débats , sacri-
fiant une partie de leurs opinions au bien de la paix ,
ont si puissamment concouru, par l'adoption de l'amendement de M. Boin, à sauver une administration impré-
voyante d'une ruine presque assurée; et bien ces hommes
ont été mis au rebut !

Ce sont de tels hommes que les ministres ne trouvent
plus dignes de siéger dans le conseil du prince.

Ce sont de tels hommes qui ne paraissent plus des
royalistes assez dévoués : à qui? et quelle dérision ! Si
MM. Camille Jordan, Royer-Collard, Guizot et Courvoisier, si les deux premiers surtout, dont la fidélité a
devancé toutes les autres, ne sont plus les amis des Bourbons, où ira-t-on en chercher?

Et comment expliquer en effet une sévérité si partiale,
si ce n'est par le ressentiment d'un amour-propre qu'ont
blessé des contracditions trop puissantes , et par la déplorable nécessité de flatter les hommes de 1815?

Ce n'était pas assez de remettre de toute part en
place ces hommes dans des commandemens militaires, dans des ambassades, dans des préfectures, au
conseil d'état, sans avoir obtenu d'eux une seule rétrac-
tation publique de leurs anathèmes publics contre le
5 septembre et contre nos lois constitutionnelles; mais
il fallait surtout leur sacrifier deux des hommes qui les
ont le plus énergiquement combattus; qui, par leur ca
ractère irréprochable, et par leurs opinions sagement
constitutionnelles, opposaient aux exagérations de tous
les genres une insurmontable barrière.

S'il nous était permis d'examiner ces destitutions sous
le rapport des relations intimes qui existaient entre les

membres du conseil actuel et les destitués, nous y verrions la rupture de toutes les confraternités qui sont précieuses aux hommes; ainsi un ministre signe la déchéance de MM. Royer-Collard et Guizot, qui ont consacré de beaux talens à la défense de ses opinions, qu'ils avaient épousées autant par amitié que par conviction, quand elles étaient avouées de la patrie; un autre appose sa signature à la radiation, comme conseiller d'état, de M. Camille Jordan, ancien compagnon de son exil dans les jours de fructidor; un troisième chasse du même conseil l'ami de son père, l'homme dont les sages avis guidèrent sa jeunesse inexpérimentée. Ainsi la communauté du malheur, des opinions politiques, des relations de famille, tout a été immolé. On se croit aux temps de l'empire ou de la république romaine; et on ne sait ce que l'on doit admirer le plus, ou de l'égarement de quelques Brutus royalistes, ou du froid calcul de quelques ambitions personnelles.

Vainement s'autoriserait-on de l'exemple de nos voisins d'outre-mer pour exiger une accession absolue des fonctionnaires députés aux désirs du gouvernement : ici l'application serait fausse, et tournerait contre ceux-là même qui l'auraient invoquée. Un ministre en Angleterre ne prend jamais un parti dans une matière importante, sans s'être concerté avec ses amis, sans qu'accordant à ses projets une approbation de sentiment ou de conviction, ils ne s'engagent à les soutenir. Ici rien de pareil n'a eu lieu; et comment eût-on pu se flatter de trouver des appuis à la fois et dans le côté droit et dans le côté gauche de la chambre; dans ceux qui veulent le trône et la liberté, et ceux qui ne demandent le trône que pour avoir le privilége ? Au reste, nous regrettons bien vivement de voir s'égarer jusqu'à ce point des hommes qui, pouvant être utiles à la monarchie constitutionnelle, ne seront parvenus qu'à alarmer la liberté.

On dit que la correspondance de ces conseillers d'état avec M. le garde des sceaux est un modèle de noble fermeté.

M. Royer-Collard n'a pas cru devoir accepter une pension de dix mille francs qui lui était offerte sur des fonds secrets.

Les témoignages du plus touchant intérêt leur ont été adressés de toutes les parties de la France ; mais surtout des départemens dont ils sont députés.

Heureux, en résultat, ces nobles disgraciés qui ont tant contribué à fonder parmi nous la religion du royalisme constitutionel, d'avoir été appelés à donner l'exemple éclatant d'un beau sacrifice au devoir! Avec quel ascendant nouveau de considération ils reparaîtront dans les chambres ! quel point de ralliement précieux ils offriront aux opinions divergentes! quels importans services ils pourront rendre en tempérant des exagérations funestes, en apprenant de bonne heure à séparer la cause d'un ministère qui doit passer de celle d'un trône qui doit rester, en concourant à sauver la dynastie avec la liberté, de l'abîme où les précipitent des conseillers imprudens!

C'est ainsi qu'il appartiendra à de tels hommes de tirer une noble vengeance d'un traitement injuste.

C'est ainsi qu'ils prouveront au monarque, suivant la belle expression de l'un d'entr'eux, *qu'une disgrâce honorable encourue pour son service, n'est qu'un attrait de plus pour la fidélité* (1).

(1) Paroles de M. Royer-Collard, dans sa Lettre à M. le garde des sceaux.

NOTE VI.

M. de Saint-Aignan fut invité par le ministère lui-même à se présenter dans le département de la Loire-Inférieure, comme candidat à la députation. Vainement prévint-il M. le comte Decazes de la résolution où il était, quoique préfet, de voter autrement que le ministère, si sa conscience venait à lui en donner l'ordre. Cet avis n'était point fait pour effrayer M. le comte Decazes, et M. de Saint-Agnan entra dans la chambre des députés. Il y a été fidèle à sa parole ; le préfet s'est oublié , et le mandataire du peuple, l'homme de sa conscience, comme il l'avait dit , s'est montré seul ; mais le ministère, qui avait agréé la noble expression de sa franchise, n'était plus , et la destitution du préfet a eu lieu. Tout le département des Côtes-du-Nord en a gémi. Inutilement M. de Saint-Aignan a voulu se dérober aux regrets de ses administrés ; il a été escorté par la douleur publique jusqu'aux limites des diverses communes confiées à son administration. Un accueil non moins expressif, mais modifié par la joie de le revoir, l'attendait à Nantes, où il a rempli les fonctions de maire avec l'approbation générale, dans la dernière disette : c'est au milieu de l'enthousiasme excité par sa présence, qu'un matelot s'est approché de lui pour lui demander une grâce, et cette grâce c'était de vouloir bien accepter trois cent trente francs que ce pauvre homme avait péniblement amassés, et dont il déclarait n'avoir nul besoin. Pour connaître tout ce que ce trait a de touchant, il faut savoir que M. de Saint-Aignan est rentré en France après la vente, nationalement consommée, de presque tous ses biens, et qu'il a fait généreusement le sacrifice de son intérêt personnel au repos de son pays. Qu'un gouvernement est à plaindre quand il est réduit à se priver de pareils auxiliaires ! Il n'y a qu'une cécité complète, un état de démence qui puisse expliquer de pareilles choses. Ceci, en vérité, nous autorise à copier ici un article dernièrement présenté à la censure par le *Courrier Français*, et rejeté par celle-ci, qui a traité assez peu favorablement le ministère pour y trouver une allusion. Voici cet article dans sa teneur :

« Il s'est passé aujourd'hui quelque chose de très-
» singulier dans la rue du Bac. Un cocher de fiacre ivre
» accrochait contre toutes les bornes, et ne voulait pas
» s'arrêter malgré les prières de ceux qu'il conduisait ;
» au contraire, chaque fois qu'il était prêt à verser, il
» se retournait, et leur appliquait des coups de fouet ;
» enfin les spectateurs, dit-on, s'en sont mêlés, et on a
» conduit en prison le malencontreux cocher. »

Me voilà presque au terme de la course que je m'étais engagé à fournir ; je n'ai parlé ni de gouvernement secret, ni de gouvernement occulte ; j'ai parlé seulement de ce que j'ai vu, de ce que d'autres que moi voient tous les jours, et de ce qui afflige tout ce qui est Français de cœur et de sentiment. Frappé des obstacles qui naissaient autour du gouvernement le plus constitutionnel que nous ayons eu, je pensai, pendant le ministère Dessoles, que je pouvais payer ma dette de fidèle sujet et d'ami de mon pays, en m'employant à concilier à ce gouvernement, autant qu'il dépendrait de moi, le puissant secours de l'opinion publique. Je me fis journaliste, pour être meilleur citoyen ; j'y fus engagé par un collègue que je regrette de voir attaché à une autre ligne ; je redoutais même de m'engager dans une carrière aussi hérissée d'épines pour tout homme qui sent l'importance de cette magistrature publique ; il leva mes scrupules en me citant l'exemple de MM. de Bonnald, de Châteaubriand, Corbières et autres, qui écrivaient alors dans le *Conservateur.* Il faut l'avouer encore. j'espérais fortifier, de toute la puissance de mes réflexions et de mes moyens personnels, des vérités dont j'ai la conscience ; car j'ai vu la fausse route dans laquelle se jette notre Église, et les périls qu'elle fait courir en même temps à la religion et à la monarchie ; j'ai cru qu'il y avait des paradoxes à combattre, et qu'ils ne sont pas tous du côté du libéralisme : j'en atteste le second volume publié par M. l'abbé de la Mennais, qui renverse, sans s'en douter, toutes les bases de l'orthodoxie et de la vraie croyance en matière religieuse ; enfin, fussé-je, à ce sujet, dans l'erreur, j'ai donné quelque prix à des pensées, fruit de longues études, sur lesquelles le public a daigné quelquefois arrêter un regard de bienveillance ; mais si je me suis fait journaliste pour les lui présenter, *je ne me suis pas fait censeur* pour les soutenir autrement que de ma plume.

NOTE VII.

Lettre adressée par le lieutenant-général Lamarque, à M. de Nugent, préfet des Landes, dans les premiers jours d'Août.

Monsieur le Préfet,

Le Maréchal de camp Cardenau m'a dit *que vous l'aviez chargé de m'annoncer que vous étiez instruit que j'avais le désir d'être nommé député ; mais que vous me préveniez que, quelques que fussent vos sentimens pour moi, comme simple particulier, vous vous y opposeriez comme préfet, étant assuré que le gouvernement n'approuverait pas ou ne verrait pas avec plaisir ma nomination.*

Cette double assertion m'étonne; elle pourrait même m'inspirer d'autres sentimens.

D'abord, je n'ai donné à personne au monde le droit de dire que j'avais envie d'être député, puisque je ne l'ai manifesté à personne, puisque je n'ai pas tenu un propos, ni fait une démarche directe ou indirecte qui autorise une telle assertion. N'en concluez pas cependant que ce désir ne puisse pas naître dans mon cœur; soyez assuré, au contraire, qu'un sûr moyen de l'exciter est d'élever des obstacles offensans pour moi : je ne suis pas accoutumé à reculer devant les difficultés.

La seconde assertion me paraît plus étrange encore. Je la concevrais à peine contre un simple citoyen; ignorez-vous que j'ai l'honneur d'être lieutenant-général des armées de sa majesté, que je suis sur la liste de disponibilité, que demain je puis commander la division dont votre département fait partie ? croyez-vous qu'il soit convenant qu'un employé civil s'élève contre un employé militaire? Trouvez-vous qu'il soit délicat et politique de publier dans le département où il a ses amis, ses parens et ses propriétés, qu'il *n'a pas la confiance du gouvernement ?*... Qui vous l'a dit ? qui vous à autorisé à le proclamer? Est-ce parce que j'ai été proscrit dans un moment d'orage! Mais le roi, en me rappelant, n'a-t-il pas effacé les traces du passé? mais n'y a-t-il pas des époques malheureuses où il vaut mieux être victime que sacrificateur, proscrit que persécuteur ?

Je ne sais pas, monsieur le préfet, si nous sommes

destinés à voir s'élever en France les *hustings de l'An-gleterre;* mais ce genre d'attaque personnelle ne me paraît pas dans nos mœurs, et il doit répugner à votre courtoisie; en *Angleterre* même, on ne se le permettrait qu'envers un *homme qui aurait publiquement et officiellement affiché ses prétentions* ; mais chercher à lire dans le cœur des habitans d'un département les sentimens qu'ils portent à un de leurs concitoyens que de longs services et les souvenirs d'une famille honorable recommandent à leur bienveillance; mais influencer d'avance leurs votes , en signalant cet homme *comme suspect au gouvernement*, c'est dépasser toute mesure et franchir toutes les bornes.

Le gouvernement représentatif est institué pour faire connaître au monarque la vraie opinion de la masse des citoyens, et non pas l'opinion factice que quelques agens de l'autorité peuvent être intéressés à exciter. Les ministres passent , mais le monarque et la nation doivent toujours rester ; et tout ce qui est factice et mensonger est nuisible à l'un et à l'autre.

Je vous dois cependant , monsieur le préfet , quelques remercimens pour l'espèce de franchise qu'il y a dans votre démarche. Je l'apprécierais davantage si votre manifeste avait devancé vos hostilités. Dans tous les cas , soyez convaincu que je saurais toujours distinguer monsieur de Nugent de monsieur le préfet du département des Landes.

J'ai l'honneur d'être avec une considération distinguée,
Votre très-obéissant serviteur,

Signé , le lieutenant-général, MAX. LAMARQUE.

NOTE VIII.

*Lettre confidentielle de Son Altesse Sérénissime le prince
de Metternich à M. le baron Berstett.*

VOTRE Excellence m'a témoigné le desir de son Altesse
Royale M. le grand-duc de Baden , de connaître d'une
manière générale , mais aussi précise que possible , les
idées du cabinet impérial sur l'état politique de l'Allemagne. Cette invitation de la part d'un prince qui donne
journellement les preuves les plus louables de sa volonté
ferme de protéger le bien , et de sa profonde connaissance des élémens qui s'y opposent, m'honore autant
qu'elle m'impose le devoir de communiquer à votre excellence, sans réticence, le point de vue sous lequel nous
considérons l'état actuel des choses. Le temps avance au
milieu des orages ; vouloir arrêter son impétuosité , ce
serait un vain effort. De la fermeté , de la modération ,
de la sagesse , et enfin de l'union dans des forces bien
calculées : voilà ce qui reste encore ou pouvoir des pro-
tecteurs et des amis de l'ordre ; voilà ce qui constitue
aujourd'hui le devoir de tous les souverains et de tous les
hommes d'état bien pensans ; et celui-là seul aura mérité
ce titre, au jour du danger , qui, après s'être bien péné-
tré de ce qui est possible et de ce qui est équitable , ne
se laissera pas détourner du noble but auquel ses efforts
doivent tendre , ni par d'impuissans vœux , ni par l'abat-
tement.

Le but est facile à déterminer ; de nos jours il n'est
ni plus ni moins que le maintien de ce qui existe ; l'atteindre est le seul moyen de conservation , *peut-être
même le plus propre à recouvrer ce qui est déjà perdu.*

Vers lui doivent donc se réunir les efforts de chacun, et les mesures de tous ceux qu'un même principe et un même intérêt réunissent. Les élémens combustibles qui étaient préparés depuis long-temps se sont enflammés dans l'époque de 1817 à 1820. La marche fausse que le ministère français a suivie durant cette époque, la tolérance qu'on a accordée en Allemagne aux doctrines les plus dangereuses, l'indulgence pour d'audacieux réformateurs, la faiblesse à réprimer les abus de la presse, enfin la *précipitation avec laquelle elle a donné aux états du midi de l'Allemagne des constitutions représentatives*; toutes ces causes ont imprimé l'abus le plus funeste aux partis que rien ne peut contenter.

Rien ne prouve mieux l'impossibilité de satisfaire ces partis, que l'observation que les menées les plus actives ont lieu précisément *dans l'état où l'on a vu le plus de condescendance pour leurs vœux prétendus.*

Le mal était parvenu, avant la réunion de Carlsbad, à un tel degré qu'il aurait suffi d'une complication politique insignifiante pour renverser entièrement l'ordre social. La sagesse du système que les grandes cours ont adopté, nous a préservés de ce danger qui, encore dans ce moment, pourrait être mortel. Quel doit donc être dans cet état de choses la marche d'un gouvernement éclairé? En posant cette question, on suppose préalablement la possibilité du salut, et nous nous croyons parfaitement autorisés à un pareil espoir. En examinant les moyens par lesquels on pourrait atteindre un but aussi élevé, nous nous voyons ramenés au même point d'où nous étions partis. Pour réparer peu à peu, mais complètement, un édifice qui menace d'écrouler, il faut avoir avant tout un fondement assuré. *Ainsi pour travailler à un avenir plus heureux*, il faut du moins être sûr du présent. Le maintien de ce qui subsiste doit par-conséquent être le premier comme le plus important de nos soins. Par-là, nous n'entendons pas seulement l'ancien ordre des choses, qui a été respecté dans quelques pays, mais encore toutes les nouvelles institutions légalement créées.

L'importance de les maintenir avec fermeté et constance se reconnaît par les attaques qu'on leur a livrées avec un acharnement peut-être plus fort que contre les anciennes institutions. Dans les temps actuels, le passsage de l'ancien au nouveau est accompagné d'autant de dangers que le retour du nouveau à ce qui n'existe plus. L'un et l'autre peut également amener l'explosion des troubles qu'il est essentiel d'éviter à tout prix.

Ne dévier d'aucune manière de l'ordre existant, *de quelque origine qu'il soit*; n'entreprendre des changemens, s'ils sont jugés absolument nécessaires, qu'avec une entière liberté et après une résolution mûrement réfléchie; tel est le premier devoir d'un gouvernement qui veut résister aux malheurs du siècle. Sans doute qu'une pareille résolution, quelque juste, quelque naturelle qu'elle soit, excitera des combats opiniâtres; *mais l'avantage d'être placé sur une base connue et avouée* est évident, parce que de ce point d'appui il sera facile d'arrêter et de déjouer dans toutes les directions les mouvemens nécessairement incertains de l'ennemi. Nous regardons l'objection qu'on pourrait faire, que, parmi les constitutions données jusqu'ici en Allemagne, il y en a qui ne reposent sur aucune base, et qui, par conséquent, ne présentent aucun point d'appui, comme non fondée. Si c'en était ainsi, les démagogues, toujours infatigables, n'auraient cessé de miner les constitutions. Tout ordre légalement établi contient en soi le principe d'un meilleur système, à moins qu'il ne soit l'œuvre de l'arbitraire ou d'un aveuglement insensé (comme à peu près la constitution des cortès de 1812). D'ailleurs *une charte n'est pas encore une constitution proprement dite :* celle-ci ne se forme que par le temps, et il dépend toujours des lumières et de la volonté du gouvernement de donner au développement du régime constitutionnel la direction pour séparer le bien du mal , pour raffermir l'autorité publique, et pour préserver le repos et le bonheur de la masse de la nation contre toute atteinte ennemie. Deux grands moyens de salut sont assurés aujourd'hui à tout gouvernement qui , dans le sentiment de sa dignité et de son devoir , n'est pas décidé à se perdre soi-même.

L'un de ces moyens repose sur la conviction satisfaisante qu'entre les puissances européennes il n'existe aucune mésintelligence , et qu'après les principes invariables des monarques, on n'en saurait prévoir. Ce fait, qui est au-dessus de tous les doutes , raffermit et garantit notre position et notre force.

L'autre moyen est l'union formée dans le courant des derniers neuf mois , entre les états allemands ; union qui, avec l'aide de Dieu , deviendra indissoluble par la fermeté et la fidélité.

Les conférences de Carlsbad et les arrêtés qui y ont été préparés , ont agi plus puissamment et plus salutairement *que peut-être nous n'osons nous l'avouer à nous-mêmes*, dans un moment où nous vous a encore le sentiment des embarras qui nous agitent, et où nous ne pouvons calculer que *superficiellement* tous les avantages que nous avons obtenus.

Des mesures aussi importantes que celles-ci ne pourraient être appréciées dans toute leur étendue, que *lorsqu'on peut connaître tous leurs résultats. Or, l'époque qui les suit immédiatement ne saurait nous les offrir tous ;* néanmoins, même à présent, nous pouvons trouver la mesure des effets qu'ont produits les résolutions du 20 *septembre*, si nous calculons les progrès probables que les ennemis de l'ordre auraient fait sans elles.

Les résultats des conférences de Vienne, bien que d'un ordre plus élevé, seront d'un effet immédiatement moins brillant, mais d'autant plus profond et durable. Le raffermissement de la confédération germanique offre aujourd'hui à chacun des états qui la composent une garantie efficace ; avantage inappréciable dans les circonstances actuelles, et dont on n'a pu s'assurer avec quelque certitude que par la voie qu'on a suivie.

La bonne foi et la modération avec laquelle on a conduit cette œuvre importante, peut, d'un côté, nous avoir arrêtés sous de certains rapports, et nous avoir empêchés de prendre des mesures plus hardies et plus énergiques ; mais, en supposant qu'une telle marche ait été possible, de l'autre, il eût manqué à cette œuvre une des premières conditions, celle de la conviction libre et de la confiance sincère de tous les contractans.

Rien n'aurait pu compenser un pareil défaut, qui aurait été surtout sensible, lorsqu'il aurait fallu mettre à exécution des arrêtés pris sous de pareils auspices. En général, la force morale de la confédération était pour elle un aussi grand besoin que la force législative, et les progrès que la conviction de l'utilité et de la nécessité de cette union ont faits, sont, d'après notre manière de voir, le résultat le plus important et le plus heureux.

Les règles que les gouvernemens allemands ont doré-navant à observer peuvent être indiquées en peu de mots :

1°. Confiance dans la durée de l'état de paix de l'Europe, et dans l'unanimité des principes qui dirigent les grandes puissances;

2°. Attention scrupuleuse sur leur propre système d'administration;

3°. Persévérance dans le maintien des bases légales des constitutions existantes, et ferme résolution de les défendre avec force et prudence contre toute attaque individuelle; mais en même temps:

4°. *L'amélioration* des défauts essentiels de ces constitutions, faite par le gouvernement et motivée par des raisons suffisantes;

5°. Enfin, en cas d'insuffisance des moyens propres, appel au secours de la confédération, secours que chaque membre a le droit le plus sacré d'exiger, et qui, d'après les stipulations présentes, peut moins que jamais être refusé.

Telle est, d'après notre manière de voir, la seule marche vraiment salutaire, légale et conservatrice. C'est sur de semblables principes que repose le système politique de sa majesté l'empereur; et l'Autriche, tranquille dans son intérieur, possédant encore une masse imposante de forces morales et de moyens matériels, n'en fera pas seulement usage pour sa propre conservation, mais elle saura toujours en disposer pour l'avantage de ses confédérés, dès que le devoir et la sagesse le leur commanderont.

Je désire que V. Exc. trouve dans cet exposé sincère l'occasion d'offrir à monseigneur le grand-duc une nouvelle preuve de nos véritables intentions, et du vif intérêt que la cour impériale prendra à la satisfaction personnelle de S. A. R., ainsi qu'au bien-être et à la sûreté de ses états.

J'ai l'honneur d'être, etc.

Signé METTERNICH.

Note sur les notes.

On répand deux notes de la Russie, un mémoire attribué à M. de Metternich, où la révolution d'Espagne, où l'esprit révolutionnaire de la France, sont dénoncés, où les grandes puissances sont invitées à s'unir pour une intervention répressive.

L'esprit anti-national triomphe de ces pièces, cherche à s'en faire un appui.

Il importe de les réduire à leur juste valeur.

Avec tout le respect dû aux auteurs de ces notes, on demandera :

Que signifie cette prétention singulière de quelques puissances à une tutelle des peuples, à l'intervention dans leurs affaires ?

Où est le fondement d'un tel droit ?

Où serait la possibilité d'en user ?

On pourrait concevoir, sans doute, quelque droit d'intervention si les réformateurs dont on se plaint attaquaient, menaçaient l'existence de ces puissances, si l'on prétendait à se mêler de leur régime intérieur.

Mais qu'y a-t-il de semblable? Qui veut intervenir chez elles? Qui pense à troubler l'empereur de Russie, le roi de Prusse, le souverain de l'Autriche, dans l'exercice de leur pouvoir absolu, dans leurs rapports avec leurs peuples?

Suffit-il donc que ces puissances conçoivent quelques alarmes sur les lentes et indirectes influences de quelques changemens, opérés dans les constitutions étrangères, pour se croire autorisées à les condamner, à les réprimer?

Sont-elles donc compétentes pour apprécier avec exactitude de tels changemens, pour fixer à la fois et la mesure de la liberté des peuples et le mode par lequel elle doit s'acquérir?

Nous aimons à rendre hommage aux vertus, aux lumières personnelles des souverains qui veulent s'ériger en juges.

Mais déjà leur position seule leur permet-elle, dans de semblables questions, un jugement impartial?

Dépositaires du pouvoir, ne doivent-ils pas incliner sans cesse à exagérer les prérogatives du pouvoir?

N'est-ce pas une telle situation qui leur a suggéré cette maxime si singulière consignée dans les notes, que les *institutions de liberté doivent toujours être une concession de l'autorité?* Où en serait le monde s'il avait fallu toujours attendre le bon plaisir des princes pour l'amelioration du sort des peuples?

N'est-il pas également permis de se défier des autres intérêts politiques qui peuvent prévenir des souverains accoutumés à la prépondérance contre des réformations qui, sans troubler le bon ordre intérieur, ajouteraient à la force, à l'énergie de puissances rivales et voisines?

Mais combien cette défiance, inspirée par la position seule de tels arbitres, s'accroît encore si l'on regarde à leur conduite passée !

Trouvera-t-on dans cette conduite l'impartialité, la moralité, la dignité qui devraient appartenir à ces grands tuteurs des peuples?

S'il s'agit d'abord d'examiner la fin pieuse de leur pacte, couvert du voile de *la Sainte-Alliance*, nous reconnaîtrons qu'une opposition réelle de dogmes religieux règne dans leurs accords prétendus ; que l'un de ces princes est notoirement schismatique, deux autres décidément hérétiques ; si nous l'envisageons sous les rapports de leur politique intérieure, nous trouverons que trois d'entre eux n'ont encore bien étudié et bien appliqué, dans leurs états respectifs, que la théorie facile du pouvoir absolu ; et nous remarquerons naturellement combien il est douteux, qu'en régissant les esclaves du Nord, même avec la bonté dont nous aimons à reconnaître la noble trace dans les actes de l'empereur de Russie, on ait appris à deviner les besoins des hommes du Midi, et surtout de cette belle France qu'il est permis de considérer comme le cœur de la civilisation européenne?

Le contrôle de leur politique extérieure offrirait quelque chose de plus dissonant encore dans *cette Sainte-Alliance* :

En effet, si nous les envisageons avant la révolution, ne sont-ce pas eux-mêmes qui, dans leurs manifestes réciproques, nous apprendront leurs réciproques injustices ?

Qu'on se rappelle surtout l'odieux partage de la Pologne, premier signal peut-être de l'ébranlement du système européen.

Si nous les suivons pendant la révolution, que devint ce beau zèle pour la légimité dont on fait aujourd'hui tant de bruit?

Quand les Bourbons et les émigrés furent si lâchement abandonnés; quand on s'alliait aux gouvernemens révolutionnaires, qu'on s'associait à leurs conquêtes injustes, qu'on se partageait avec eux la dépouille du faible; qu'on acceptait l'usurpateur des Espagnes tantôt pour ami, tantôt pour gendre; si nous observons enfin ce qui s'est passé depuis la restauration, s'est-on fort empressé d'accomplir les promesses faites aux généreux auteurs de la délivrance de l'Europe?

Où est la justice de tant remarquer l'impatience excessive des peuples pour obtenir des constitutions, et si peu la lenteur excessive des souverains pour les accorder? de tant s'indigner contre les soldats espagnols violant quelques sermens militaires, et si peu contre les conseillers qui firent auparavant violer à leur monarque les engagemens les plus sacrés?

Où est le bon sens même en blâmant de telles révolutions, d'en provoquer de nouvelles pour défaire les anciennes, de demander sérieusement que les cortès débutent par des actes expiatoires, se déclarent criminels, infâmes? N'est-ce pas annoncer qu'on aura bientôt pour nous la même exigeance?...

Mais surtout quel jugement absurde sur les affaires de France! On y suppose la marche de l'administration égarée, l'esprit révolutionnaire déchaîné depuis trois ans, précisément quand un ordre admirable a commencé à s'établir; quand le peuple n'a fait que manifester un attachement toujours plus vif aux institutions qu'il a reçues de son prince avec l'approbation de l'Europe, quand des innovations téméraires, parties d'un ministère imprudent, ont seules formé, depuis quelques mois, les nuages qui paraissent obscurcir notre horizon politique.

Qui pourrait ne pas reconnaître, dans ces calomnieuses inquiétudes, la déplorable influence exercée sur la crédulité étrangère par ces notes secrètes et ces *Conservateurs* qu'on a laissé impunément circuler; par ces ambassadeurs si mal choisis qui représentent des coteries aristocratiques de la France, bien plus que la France elle-même; par ces membres eux-mêmes de notre ministère qui, dans les congrès d'Aix-la-Chapelle et dans d'autres congrès, en répandant les alarmes les plus exagérées sur chaque élection qui les importune, ont été les premiers dénonciateurs de leur pays à l'Europe?

Voilà pour la justice de l'intervention. Mais quelle n'en serait pas aussi la difficulté, le danger? Elle suppose le concert parfait des quatre puissances; mais déjà trois d'entre elles voudront-elles favoriser une telle chance d'agrandissement pour le colosse du nord déjà si démesuré?

L'Angleterre, au milieu des troubles qui l'agitent, espérerait-elle résoudre ses citoyens à de nouveaux subsides pour une cause qui leur est généralement odieuse?

La Prusse n'hésitera-t-elle pas à risquer, dans de contagieux rapprochemens, la fidélité trop suspecte de ses soldats et de ses peuples?

L'Autriche ne craindra-t-elle pas de voir se révéler les mécontentemens trop peu assoupis de la confédération allemande?

Tous n'auront-ils pas à redouter de retrouver cette Espagne terrible qui fit échouer la puissance du premier des conquérans; de changer en une autre Espagne la terre même de Naples ; de compromettre dans de telles secousses le sort même de ces rois qu'on prétend secourir ?

Mais surtout, qui peut penser, sans frémir, aux tentatives qu'on oserait diriger contre l'indépendance du peuple généreux qui joint à tant de souvenirs de gloire l'irritant souvenir des maux de deux invasions récentes ?

Si de cruels sacrifices lui étaient momentanément imposés, combien ne pourrait-il pas les faire chèrement expier à d'injustes agresseurs ?

A qui une telle lutte pourrait-elle devenir plus funeste qu'à un ministère impopulaire ? à des partis anti-nationaux ?

Serait-il vrai cependant que, trop peu repentant de l'imprudence de ses précédentes communications avec l'étranger, ce ministère fût capable d'y ajouter encore ; qu'à l'exemple de ces hommes de 1815, dont il écoute les inspirations funestes, il crût trouver un appui contre l'opinion qui le poursuit au dedans, dans la perspective de ces interventions du dehors ? Nous l'inviterions à y penser, et à y penser sérieusement....

Tous les torts qu'on lui a jusqu'à présent reprochés ne seraient rien auprès d'un semblable tort.

Ce serait là, aux yeux du peuple français, le véritable péché contre le *Saint-Esprit,* qui n'est pardonné ni dans ce monde ni dans l'autre.

Qu'il se hâte donc, après avoir trop laissé circuler ces notes si offensantes dans leurs mystérieuses menaces, de nous faire connaître la réponse qu'il a dû leur faire ; qu'il nous mette à portée de juger jusqu'à quel point, dans l'intérêt de l'honneur royal et national, il en a ressenti l'outrage et démontré l'injustice.

Quoi qu'il en soit , au reste , et de sa réponse et de sa conduite, que le vain épouvantail de ces notes soit désormais apprécié; qu'il ne nous détourne pas de poursuivre avec fermeté, dans l'intérieur, le maintien ou le recouvrement de tous nos droits, avec l'entière confiance que notre salut politique dépendra de nous seuls ; qu'il n'appartiendra à aucune alliance, ni sainte ni profane, d'interrompre le cours de nos glorieuses destinées. ! Elles sont comprises dans deux mots : *les Bourbons et l'indépendance du pays !* Souvenons-nous de la réponse si noble et si franche de Louis XIV, à l'ambassadeur qui s'autorisait de nos revers , pour lui mettre le pied sur la gorge ! La France de 1820 ne vaudrait-elle pas celle de 1700 ? Je n'y aperçois ni moins de lumières , ni moins d'industrie , ni moins de richesses et de forces effectives; mais j'y vois quelque chose de plus , et C'EST UNE PATRIE !

FIN.